KB050352

수치심은 혁명적 감정이다

수치심은 혁명적 감정이다

프레데리크 그로 지음 | 박신화 옮김

책세상

미셸 가르데트를 위하여

일러두기
각주는 모두 옮긴이 주다.

서문

친구에게 수치심에 관해 짧은 책을 쓸 계획이라고 얘기했더니 이런 대답이 돌아왔다. "참 별난 생각이네. 죄의식이라면 도스토옙스키도 있고 카프카도 있지만… 수치심이라니…."

지금 생각해도 이 반응은 놀랍다. 내가 보기에 수치심은 도덕적·사회적·심리적·정치적 차원을 넘나들며 죄의식보다 훨씬 폭넓고 복잡하며 깊은 경험을 내포한다. 또 무엇보다 카프카와 도스토옙스키도 수치심의 작가로 보인다.

살면서 나는 죄의식보다 수치심을 훨씬 많이 경험했고, 죄의식이 내리는 명령보다 수치심의 강요에 굴복해서 내린 결정이 훨씬 많았던 것 같다.

루소가 《고백》에서 리본을 훔친 일에 관해 쓴 구절을 떠올려본다. 저자는 마치 상처를 보여주고는 얼른 다시 덮을 작정을 한 듯하다. 그 이야기를 평생 처음이자 마지막으로 털어놓는 것이 몹시 힘든 고백이었을 테니 말이다. 적어도 타인의 눈에는 그래 보인다. 젊은 요리사 하녀가 도둑으로 몰리도록 내버려두었던 경험을 털어놓기란 쉽지 않은 일이다. 아마도 하녀는 루소가 한 거짓말의 대가를 톡톡히 치렀을 것이다. 그 시절에 도둑질로 쫓겨난 하녀가 어떻게 되었을지 상상이나 되는가?

그 이야기를 훑어보자. 오래전에 잃어버린 은빛 도는 분홍색 리본이 루소의 방에서 발견된다. 그는 더듬거리며(도둑은 확실히 그다) 하녀 마리옹이 준 거라고 책임을 돌린다. 사람들은 놀란다. 마리옹은 늘 얌전하고 바른 아이였기 때문이다. 대질이 이뤄진다. 어린 루소는 굽히지 않는다. 마리옹은 조용히 울며 부인한다. 루소는 지지 않고 "악마 같은 대담함"을 보이며 비난을 거듭하고, 구원의 길인 양 거짓 속에 똬리를 튼다.

짧지만 잔인할 낭패의 순간보다는 차라리 영원한 죄의식을, 차라리 죽음을 택하는 것이다. 수치심에 대한 두려움이 모든 걸 집어삼킨다. 루소가 쓴 이 텍스트의 힘은 자신이 겪은 수치의 장면을 제시하는 데 있지 않다. 도덕적으로 발가벗는 순간을 안간힘을 써서 모면하려는 마음속 두려움과, 그 두려움이 부추기는 엄청난 저항을 묘사한 데 있다.

그녀가 나타나는 걸 보자 내 마음은 찢어졌다. 그러나 그 많은 사람의 존재가 나의 뉘우침보다 훨씬 강했다. 처벌은 두렵지 않았다. 그저 수치심이 두려웠다. 나는 수치심이 죽음보다, 범죄보다, 그 무엇보다 두려웠다. 땅속으로 들어가 질식해 죽고만 싶었다. 억누를 길 없는 수치심이 모든 걸 압도했고, 오직 수치심이 나를 뻔뻔하게 만들었다. 나는 내가 범죄자가 되어갈수록, 그걸 인정해야 한다는 공포 때문에 더 대담해졌다. 내 눈에는 내가 도둑이고 거짓말쟁이며 중상모략한 자라는 사실이 알려지고 공개적으로 선언되는 공포밖에 보이지 않았다. 엄청난 불안이 다른 모든 감정을 내게서 앗아가 버렸다.[1]

———

내 친구의 반응은 사실 내게 용기를 주었다. 죄의식에

대한 책은 도서관의 서가 여러 개를 채울 만큼 많지만, 수치심에 관한 책은 너무 적다는 생각이 들었다. 학문 분야마다 이 주제에 관해 참고할 만한 텍스트가 있고, 그 대부분은 중요한 책인데도 말이다. 심리학에는 세르주 티스롱[2]이 있고, 사회학에는 뱅상 드 골작[3], 사회철학에는 디디에 에리봉[4], 정신분석학에는 클로드 자맹[5], 문학비평에는 장피에르 마르탱[6], 철학에는 뤼벤 오지앙[7]이 있는데….

나는 늦은 편이다.

그렇지만 나는 계속했다. 나는 개인적인 감정에 의존하면서도 그것을 드러내지 않을 수 있었고, 독서에서 오는 감동(제임스 볼드윈, 아니 에르노, 프리모 레비, 비르지니 데팡트)에 기댈 수 있었기 때문이다. 또 남성들이 가하는 모욕의 시련을 겪은 여성들을 호출할 수도 있었다. 루크레티아, 페드르, 비곗덩어리, 안나 카레니나, 프랑수아 봉[8]의 소설 속 대우 여공들, 그밖의 많은 여성들을.

———

수치심은 우리 시대의 주된 정서고, 새로운 투쟁의 기표다. 이제 사람들은 불의에, 전횡에, 불평등에 고함치지 않는다. 다만 수치심에 울부짖는다.

2021년 1월, 파리 생기욤 거리. 국립 정치학 재단 이사장 올리비에 뒤아멜이 의붓딸 카미유 쿠슈네르에게 피소되었다. 1980년대 말에 카미유의 쌍둥이 남동생을 여러 차례 성폭행했다는 혐의였다. 이 사실을 시앙스포(파리정치대학)의 학장은 2019년에 이미 알았다. 학교를 충격에 빠뜨린 스캔들에 학생들은 시위에 나서 학장의 사임을 요구하며 "수치심"이라는 제목을 단 공개 편지를 발표했다. 뒤아멜은 의붓딸의 책이 곧 출간된다는 사실을 알고 서둘러 사퇴했다.

2020년 9월 6일 일요일, 벨라루스. 수도 민스크의 도로에 수천 명의 시위대가 대통령이자 독재자인 알렉산드르 루카셴코를 향해 "수치스러운 줄 알라"고 외치며 행진했다.

2020년 2월 28일, 파리 살 플레엘 공연장에서 열린 제45회 세자르상 시상식. 아델 에넬은 로만 폴란스키가 감독상 수상자로 발표되자 요란하게 시상식장을 떠나며 외쳤다. "수치예요, 수치, 이건 정말이지 수치스러운 일입니다!"

2020년 1월, 유엔 식량 문제 특별조사관 장 지글러는 레스보스섬에 마련된 모리아 난민 캠프를 방문하고 난 뒤 그곳을 "유럽의 수치"[9]라고 말했다.

이런 사실들과 함께 새로운 투쟁과 분노를 예시하는 새로운 언어가 꽃을 피웠다. 민간 비행과 디지털 문화로 지구가 치러야 할 대가의 위험을 알리는 플라이트 셰임flight shame*, 디지털 셰임digital shame 같은 언어다.

———

세 가지 중대한 진술이자 시대적 명령도 있다.

"더는 자신을 수치스러워하지 말라!"

이것은 수치심-슬픔에 맞서는 삶의 폭발이자 분노의 폭발이다. 실존에 독이 되고, 타인에 대한 신뢰와 삶의 즐거움을 방해하는 수치심-슬픔. 희생자에게 고통스러운 침묵과 자기멸시를 강요하는 수치심-슬픔. 다름에 대한 증오와 성공한 이들의 오만과 남성우월주의의 어리석음으로

* '비행기'와 '수치심'을 합쳐 만든 신조어로, 기후 변화의 심각성이 날이 갈수록 커지면서 온실가스의 주범인 비행기를 타는 걸 수치스럽게 생각하자는 운동.

자라나는 수치심-슬픔. 그리고 치유을 가로막는 수치심-슬픔 말이다.[10] 이는 차별과 낙인에 대한 수치심이다. 수치스러워하지 말라는 명령은 말을 해방하고, 자기 자신을 긍정적으로 받아들이라는 호소다. 수치심을 초월하고 자신을 받아들이는 기법을 팔기 위해 자아존중의 상품들과 자기계발의 코치들이 자꾸만 늘어난다. 슬로건은 오직 하나다. 당신이 당신 자신이 되는 걸 그 무엇도 그 누구도 가로막게 두지 말라. 당신 자신을 사랑하라. 있는 모습 그대로의 자신을 자랑스럽게 여겨라(깨져버린 내면의 상처는 남겠지만).

"수치심을 모르는 자들 같으니!"

이것은 도덕주의자, 교육학자, 심리교육자 들이 내뱉는 분노의 외침이다.[11] 수없이 되풀이되는 말이다. 가는 곳마다 과시와 뻔뻔함이 횡행한다. 학교와 일터와 거리에서 우리는 한계와 거리낌의 부재를, 사생활의 경계에 대한 무지를 한탄한다. 사회관계망은 부끄러운 줄 모르는 자기과시를 먹고 자란다. 무례함과 무람없음은 늘어만 간다.

오늘날 우리는 수치심의 위기를 지나고 있다. 무례함이 부상하고, 천박함이 번성하고, 뻔뻔함이 늘어나며, 조심성, 수줍음, 절제, 거리낌은 이제 통용되지 않는다. 학교에서 특히 더 그렇다. 학교의 위기가 있다면 그것은 무엇보다 수치심의 위기다.[12]

이들은 우리가 조심성, 절제, 내밀함의 감각을 되찾아야 한다고 호소한다. 그리고 수치심(고대 그리스어로는 아이도스aidos, 라틴어로는 푸도르pudor라 불리던)에서 정치적 복종의 지렛대를, 사회적 슬로건을, 내면을 형성하는 원리를 찾던 고대 사회의 윤리로 돌아가길 꿈꾼다.

"수치심의 진영이 바뀌어야 한다!"
"수치심을 가져야 할 건 당신들이다!"
이것은 분노의 외침이다. 가학자, 강간범, 근친상간을 저지르는 자들을 겨냥하고, 파렴치한 정치인, 부패한 고용주, 저속한 백만장자를 겨냥하는 외침이다. 이 외침은 시위에서 들린다. 거기엔 격노와 슬픔의 변증법, 분노의 전파, 구체화된 집단 분노가 가동된다. 그리고 수치심은 불꽃이, 다이너마이트가, 폭발물이 된다.

———

  이 책은 《불복종》[13]을 보완한 후속작이다. 앞선 책에서 나는 우리의 온갖 두려움과 조건, 무기력에도 불구하고 무엇이 용기 있는 불복종의 원동력이 되어야 하는지 생각해 보았다. 이는 물론 정치적 불복종(불공정한 법령들에 맞서는 저항, 멋대로 돌아가는 세상에 대한 거부, 개인적 성찰 등)에 관한 이야기지, 범죄나 무례한 행위를 말하는 게 아니다. 나는 한나 아렌트에 기대어 책임감, 자기 자신으로의 전향, 자기 원칙의 일관성을 불러냈다. 그 작업은 지적으로는 올바르지만, 크고 비장한 저항 동기들이 그물 사이로 빠져나가고 투쟁에서 상상이 갖는 힘을 과소평가한 해결책이었다. 수치심은 상상력으로 작동한다. "세상에 대한 수치심"[14]을 품고, 상황이 달라질 수 있다고 말하려면 상상력이 필요하다. 타인을 **위해** 수치심을 느끼려 해도 상상력이 필요하다. 그 타인이 모욕을 받고 어쩔 줄 모르는(그의 내면에서 견딜 수 없는 고통이 느껴지는) 사람이든[15], 혹은 본인은 아무런 수치심도 느끼지 않고 **그를 대신해서** 우리가 수치심을 느끼도록 내모는 뻔뻔한 모욕 가해자든 말이다.

개인적으로 나는 남자든 여자든 가벼운 당혹감, 스스럼, 수줍음이 즉각 감지되는 사람들에게 애착이 간다. 그런 자신감의 결핍에서 우정을 굳건하게 결속해줄 무언가를 발견하는 모양이다. 수치심을 한 번도 느낀 적이 없다고 말하는 사람을 만난다면 나는 아마 본능적으로 그를 신뢰하지 않을 것이다.

나는 세상의 뉴스나 정치 지도자의 발언, 기업인의 연설을 들을 때면 수치심에 사로잡힌다.

우리에게 불복종할 힘을 주는 것, 나날이 확실히 최악으로 치닫는 세태에 체념하지 않고 저항할 능력을 온전히 간직할 힘을 주는 것은 프리모 레비의 표현대로 "세상에 대한 수치심"이다. 수치심은 슬픔과 분노의 혼합물이다. 영혼을 아무리 다듬는다 해도, 우리는 수치심을 뛰어넘지 못한다. 그저 수치심을 분노의 형태로 바꿀 뿐이다.

그렇다. 우리는 결코 수치심을 뛰어넘지 못한다. 그것을 가공하고, 구상하고, 다듬고, 순화할 뿐이다.[16] 심지어 우리는 때때로 수치심을 지렛대로, 공모자로, 용수철로 삼기도 한다. 그리고 수치심에서 파괴적 슬픔과 자기 경멸을 내포할 수 있는 부분을 걸러내 제거하고 순수한 분노만 남긴다.

차례

악평

존 카사베테스의 영화《영향 아래 있는 여자Une femme sous influence》(1974) 속 만찬 장면. 공사 감독관인 닉은 10여 명의 인부를 지휘한다. 노동, 땀, 농담. 함께하는 노동으로 맺어진 거친 우정. 남자들의 세계다. 그는 이틀 밤 연이어 작업을 지휘해야 했고, 그의 팀은 모두 녹초가 되었다. 전날 그는 오래전부터 계획해둔 아내와의 달콤한 저녁 약속을 취소하려고 전화를 걸었다(아이들은 장모님이 맡아주었다). 그의 아내 마벨은 상냥하고 사랑스럽지만 신경질적이다. 흔히들 말하듯이 약간 경계성 성격장애로, 통제가 불가능하다. 그도 그걸 알고, 그의 친구들도 안다. 그는 동료들에게 고마움을 전할 생각으로 자러 가기 전에 식사를 차려주려고 집으로 돌아오면서 아내가 어떤 상태일지 걱정한다. 아내가 아직 누워 있는지, 쓸쓸한 밤을 보냈는지, 그는 전혀 알지 못한다. 절망한 아내가 혼자 외출해 술을 마시고, 다른 남자를 만났을지도…. 그런 생각을 하자 슬퍼진다. 인부들은 보스의 집에서 밥을 먹을 생각에 살짝 들뜬 모습으로 도착한다. 엄청난 양의 파스타가 준비된다.

마벨은 몽롱한 상태로 일어나더니 남자들을 마주하고 탁자 끝에 서서 이런 질문으로 분위기에 찬물을 끼얹는다. "거기, 당신은 누구지? 당신은 이름이 뭐야?" 마치 그녀는 처음 보는 사람들이라도 만난 것처럼 놀란 표정이다. 계면쩍은 인사말들이 오가지만 그녀의 가벼운 광기 때문에 불행히도 분위기는 불안해진다. 불안감에 너무 짓눌린 나머지 일행 중 한 사람이 부주의하게 접시를 바닥에 떨어뜨린다. 모두 당황해서 겸연쩍게 웃으며 어떻해서든 분위기를 되살리려 애쓰며 노래까지 불러본다. 마벨은 일어나더니 다른 남자를 칭찬한다. 그의 큰 머리통을 칭찬하고, 그의 비대한 체격에 감탄한다. 모두가 배꼽을 잡고 웃는다. 도무지 웃음을 참지 못한다. 급기야 집주인이 버럭 화를 낸다. "엉덩이 깔고, 앉아 좀!" 분노와 지배의 외침이다. 장난은 끝났다. 모든 등줄기가 구부러지고, 고개들이 접시에 처박히고, 침묵이 무겁게 짓누른다. 식사는 금세 끝나고,

인사는 더더욱 빨리 끝난다. 수치심이 와 있다. 그것은 불투명한 장막처럼 서서히 내려와 질식할 듯 목들을 조인다. 사람들의 입을 비틀고 눈길을 불안에 빠뜨린다. 누구도 자리가 편치 않고 어디에 몸을 둬야 할지 알지 못한다.

———

"이건 수치야!"

프랑스어로 "이건 수치야!"라는 말은 있지만 "이건 죄의식이야"라고 말하지는 않는다. 잘못에 대한 감정은 우리가 "주체"라는 부르는 불안의 구덩이를 내 안에 파는 개인적 함몰과 분리되지 않는다. 나는 죄의식을 느낀다. 나와 나 사이에 고뇌의 거미줄이 짜인다. 나와 나 사이에 차가운 고문 집게가 생긴다. 가까운 지인이 자살했다. 나는 그를 보러 갈까 망설였던 순간들, 전화로 한탄을 듣던 순간들을 다시 떠올려본다(그런데 저런… 목숨까지 끊다니!). 다른 사람들은 거듭 말한다. "아냐, 그러지 마. 그래봤자 아무 소용도 없어. 죄책감 느끼지 마. 그건 올가미 같은 거야." 나는 힘없이 미소 짓는다. 그들이 쏟아내는 상투적인 말은 차가운 이빨로 나를 깨무는 후회에 아무 도움이 되지 못한다.

"수치심!" 수치심은 죄책감과 다르다. 수치심은 막연하고 조밀하며, 견고한 두께를 지녔다. 수치심은 나의 정서와도, 어떤 주관적 평가와도 무관한 객관적인 상태다. 그것은 바윗덩어리처럼 내 위로 떨어진다. 내가 무슨 생각을 하건 수치심은 객관적이다. 개인적 판단의 문제가 아니다. 누구의 입장을 운운할 문제가 아니다. 내게 슬픔이 있다면 나의 슬픔은 **객관적으로** 수치스러운 상황의 산물이고, 효과이고, 결과다.

나는 내가 속한 공동체의 권위를 실추시키는 어떤 행위(또는 행위의 누락), 어떤 사실, 어떤 말로 인한 가족의 불명예, 공개적 망신, 나의 사회적 이미지의 추락을 수치심의 첫 고리로 제시하려 한다. 이 수치심의 얼굴을 그리기 위해 대개 우리는 아득한 과거나 멀리 떨어진 문화로 눈길을 돌린다. 우리는 코르네유의 《르 시드Le Cid》를 암송할 것이고, 영화 《대부》의 장면들을 떠올릴 것이며, 파키스탄의 명예살인에 대해 말할 것이다. 영웅주의 도덕과 명예사회를 다룰 것이다.

인류학자들과 역사학자들이 "명예사회"로 내세우는 건 대략 세 민족에 해당한다. 비교적 공적 체제 밖에서 결성

되고, 대개 지중해를 둘러싼 민족들이다(카빌리 원주민들, 안달루시아인들, 시칠리아인들 등). 헌법에 토대를 둔 정치 사회 내부에는 옛 귀족 계급들이 있는데, 종종 사라지기도 했고, 대개는 무인 계급(기사, 삼총사 등)이다. 그리고 범죄적 불법 활동을 둘러싸고 조직된 마피아 패거리들도 있다.[1] 이제 나는 아주 오래된 수치심의 입맥을 그리려 한다. 정통한 민족 문학을 토대로 삼고, 소설 같은 예시들을 곁들여 재구성할 것이다. 명확한 의식儀式의 내용, 시대와 공동체와 나라에 따라 달라지는 구체적인 메커니즘까지 다룰 것이다.

어떤 모욕이 성립되고 한 가족의 명예를 더럽히는 데는 하나의 행위, 하나의 행동, 단 하나의 몸짓이면 충분하다. 이를테면 외부의 개인이나 집단이 씨족의 일원에게 가하는 신체적 공격이나 절도, 욕설, 불손한 언행, 강간 같은 것 말이다. 이를테면 심지어 집단 내부에서 친족이나 가까운 지인이 가하는 무례한 행동, 비겁한 행위, 금지된 성관계, 배신 행위 같은 것이다. 물론 사례는 얼마든지 늘어날 수 있는데, 사례들에서 우리는 여성들(어머니, 아내, 누이)의 성性이 집단 명예의 주요한 자물쇠라는 사실을 분명히 확인하게 된다. 여성들의 성적 순결이 집단의 명예를 보장하는 것이다.[2] 그것이 수치다. 금지된 사랑이라는 실수 한 번, 명예롭지 못한 싸움 한 번이면 충분하다. 평판은 땅에 떨어지고, 가문은 더럽혀진다. 내게, 내 이미지에, 우리에게, 우리의 이름에, 우리의 명예에, 이제 그 얼룩이 칠해진다.

———

코르네유는 늙은 군인들, 자신의 이름을 자랑스러워하는 귀족들을 무대에 올리는데, 그 모든 인물이 말과 행동을 지배하는 하나의 행동규범을 지킨다. 여기서 모욕의 원인은 대개 덜 성적이다. 군인들 사이에서는 무엇보다 불손, 허세, 욕설, 자존심을 건드리는 행동, 고약한 농담이 모욕의 원인이 된다. 《르 시드》에서 에스파냐의 명예로운 퇴역 노장으로 나오는 돈 디에그를 보자. 기운이 쇠한 그는 고참의 승진을 질투하는 젊은 경쟁자가 가한 모욕 앞에서 팔을 부들부들 떨며 굴복한다. 그 유명한 독백("오 분노여, 오 절망이여…")으로 그는 재앙을 떠듬떠듬 말한다. 한순간의 나약함은 갑작스레 무훈마저 지워버렸다. 그의 이름은 순식간에 오래된 우유처럼 상했다. 그는 이제 아무것도 아니다. 별안간 몰락했고, 벌레처럼 발가벗은 꼴이다. 그에게 명예는 눈에 보이지 않는 외투였으니, 이제 어떻게 대중 앞에 나설 텐가…. 지혜로운 교훈이나 우정 어린 위로, 정신분석 상담을 통해 해결될 수 있는 일이 아니다. 모욕을 당하고 응수하지 않으면서 돈 디에그는 수치의 빚을 졌다. "복수 없이 죽거나 아니면 수치심 속에서 살아가길" 받아들이지 않을 거면, 이제 그 빚을 갚아야 한다. 아들이 복수를 맡을 것이다. 여기서 수치심은 심리학이 아니라 상징적 경제학의 영역에 속한다.

———

가문의 불명예로 작동하는 이 수치심은 네 가지 특징을 보인다. 객관적이며, 실체적이며, 집단적이고, 가역적이라는 점이다.

객관적. 수치심은 심리학적 치료로 다룰 수 있는 문제가 아니다. 정서는 부차적이며, 추락이 사회적으로 인정되는 상황이 낳는 결과다. 내가 공개적으로 모욕받고 공격당하고도 대응하지 않는다면, 문제는 그것이 내 내면의 어떤 나약함과 자신감 결핍을 드러내는지를 아는 데 있지 않다.

욕설과 비겁하게 당한 공격은 반드시, 마치 중립적인 기정 사실인 양 수치심을 낳는다. 내가 무엇을 느끼건 나로서는 어쩔 도리가 없다. 내 이미지의 위신과 내 가족의 명예는 **끝장났다.** 더럽혀지고, 상처 입고, 훼손되었다. 이 수치심은 사회적 역학에 달린 것이지 개인들의 심리에 달린 게 아니다.

실체적. 수치심은 주관적 느낌, 내적 구축물, 내밀한 감정으로 축소되지 않는다. 그것은 시들어가고 흐려지는 하나의 실체다. 오염이고, 얼룩이며, 불투명성이고, 들러붙는 끈끈한 부정성이다. 또한 그것은 실체의 점진적 손상이고, 위신의 붕괴다. 사회적 품위는 경제학과 생물학의 이중 음역으로 표현된다. 명예는 한 가문의 자산이고, 상징적 부富다. 또한 명예는 집단의 피요, 건강이요, 에너지다. 그 요소들 하나하나는 서 있도록 지탱해주는 힘이고, 언제라도 **모욕**으로 깎이고 절단되고 갉아먹힐 위험이 있는 자산이다. 그것은 그만큼 "대단한 무엇"이어서 예전엔 담보로 쓰일 수 있었다. "명예 담보." 중세의 이 제도 덕에 혈통 좋은 개인은 약속을 하거나 돈을 빌릴 때 자기 명예를 담보로 내놓을 수 있었다.[3] 약속을 위반할 경우, 그는 욕설과 비방,

야유와 명예훼손을 으레 받아들였다. 게다가 그건 협잡이 아니었다. 수치는 파산을 초래하고, 피 흘리게 한다.

집단적. 이 피와 부는 나의 **개인적인** 것이 아니다. 그것은 **나의** 피, **나의** 부, **나의** 명예가 아니라 씨족의, 집단의, 가문 전체의 것이다. 그것들이 나를 가로지르고, 나를 먹여 살리고, 나를 지지하고, 나를 채운다. 내가 모욕당하고 공격당하면, 나의 사촌이 비겁하게 행동하면, 나의 누이가 너무 가볍게 처신하면, 가문의 중대한 상징적 자산이 줄어들고, 수치심이 검은 제의처럼 집단을 무겁게 짓누를 것이다.

가역적. 이것은 치욕의 수치심에 고풍스러운 아우라를 부여하는 가장 중요한 특징이다. 도식은 변증법적이다. 수치심은 최고의 긍정성인 명예에 대한 부정이다. 복수는 이 부정에 대한 부정, 다시 말해 잃어버린 명예의 복원을 의미한다. 불명예로서 수치의 속성은 씻을 수 있고, 지울 수 있으며, 용해된다는 점이다. 수치의 객관성은 그 번민(모욕의 주사위가 던져진 순간부터 통제 불가능한 자동성)과 기회에 있다. 수치가 무효화되고 말소되는 것도 역학적으로 이루어진다. 우리는 어떻게 할지 안다. 옛날부터 모든 건 치밀하게 짜여 있었다. 균형을 잡는 비극, 보복 행위, 모욕에 대한 복수를 **공개적으로 창출하는** 것이 관건이다.

그러면 수치는 모래 위에 그린 얼굴처럼 지워질 것이다.

복원의 메커니즘은 다양하다. 모욕이 다른 집단의 일이었다고 가정할 때(가문 간의 정의正義: dikê[4]) 가장 잘 알려진 건 복수다.[5] 우리는 모욕을, 불손을, 공격을, 굴욕을 체계화되고 준비된 반격으로 복수한다. 그 반격은 수치의 말소를 공공연히 무대에 올린다. 결투 도발, 앙갚음, 모욕의 의례적 반복 등으로. 개인적 결점이 문제가 되었을 때 우리는 속죄의 논리를 찾는다. 이를테면 비겁한 행위를 저지른 자는 영웅적인 행위로 만회하는데, 그 행위의 빛으로 옛 그늘을 흩뜨리는 것이다.

무례하고 끔찍한 행위가 가족 내에서 일어나고 친지들이 연루될 때는 얘기가 달라진다. 친지들에게 복수하지는 않기 때문이다. 인류학자들은 수치 정화의 다른 메커니즘(가족 내의 정의正義: themis)들을 묘사한다. 축출이나 희생을 통해, 치욕의 원인이 된 인물을 포기할 것을 주장할 것이다. 배신자를 정신적으로 부인하거나, 사랑 때문에 실수를 저지른 여자들을 말살하는 것이다. 발자크의 《피의 복수La Vendetta》에서 사랑받는 외동딸은 피의 증오 관계로 맺어진

적대 집안의 청년을 사랑해서 부모로부터 버림받고 거부당해 청년과 함께 살러 떠난다. 다큐멘터리 영화《어 걸 인 더 리버A Girl in the River》(2016)[6]는 파키스탄의 젊은 여성 사바가 사회계층이 너무 낮다는 이유로 가족이 반대하는 남자와 합법적으로 결혼한 뒤 어떻게 납치당해 폭행당하고 총 한 발을 맞아 얼굴이 일그러진 채 자루에 묶여 강에 던져졌는지 보여준다. 가족은 그녀의 결혼을 불명예스럽다고 판단한 것이다. 파키스탄에서는 매년 천 명 이상의 여성들이 가문을 "수치"에 빠뜨렸다는 이유로 죽임당한다. 우리와 조금 더 가까운 브장송에서는 2020년 8월 열일곱 살의 보스니아 여성이 기독교인 세르비아 청년과 결혼할 마음으로 교제했다가 가족에게 몰매 맞고 머리가 빡빡 깎였다. 이 야만 행위에 대해 제시된 설명은, 이 가족이 신분 낮은 사람과의 결혼이 초래할 수치심에 대처할 도리가 없다는 것이다.

———

저자 콘래드[7]의 소설 속 로드 짐의 여정을 보자. 짐은 꿈과 긍지를 가득 품은 스물네 살의 선원이다. 그는 일등항해사 자격증을 주머니에 넣고 메카로 가는 순례자들이 빽빽이 들어찬 증기선 '파트나' 호에 2등 항해사로 올라탄다. 밤이 된다. 배가 무언가에 부딪치더니 불길한 소리가 들린다. 녹슨 선체를 살펴보니 커다란 손상이 보인다. 한 가지 사실이 확실하다. 배는 곧 가라앉을 테다. 뱃머리부터 이미 기울고 있다. 구명보트의 수는 터무니없이 적다(승객이 800명이고 보트는 일곱 대뿐이다). 사람들을 깨워서 공포를 유발할 것인가? 그럴 필요 없다. 이미 잠에 빠져 있으니 피할 길 없는 죽음 속으로 조용히 빠져드는 편이 낫지 않을까. 로드 짐은 수동적인 영웅의 마음가짐으로 마지막을 당당하게 기다린다. 갑자기 여럿이 외치는 목소리가 들린다. "뛰어내려, 뛰어내려, 뛰어내려!" 선장과 부하 두 명이 바다에 구명보트 하나를 내리고 막 떠날 참이었는데, 사람 형체를 보고는 3등 기관사인 줄 알고 달아나기 전에 그를 부른 것이다.

그렇게 느닷없이 로드 짐은 구명보트를 타게 된다. 그는 뛰어내린 것이다. 일 초 전만 해도 영웅처럼 죽음을 기다릴 꿈을 꾸고 있었는데, 이제 다른 사람 대신 세 명의 비겁한 자들과 함께 달아나는 처지가 된 것이다. 그 두 순간 사이에는 흰 공백 하나가, 구멍 하나가 있다. 보트는 서서히 가라앉는 듯 보이는 배에서 멀어진다. 한참 시간이 흐른 뒤, 어느 선박이 그들을 구해준다. 육지에 내리자마자 선장은 난파 신고를 한다. 그때 그는 도무지 상상할 수 없는 사실을 알게 된다. 배는 잘 버텨냈고, 프랑스 전함 한 척이 항해사 없는 그 배를 발견해 모든 승객이 무사히 구출된 것이다. 기적이 일어나 배는 가라앉지 않았다. 하지만 우리가 어찌 기적을 예견할 수 있겠나? 수치심과 불명예가 남는다. 이야기의 의미도 변한다. 불행한 네 생존자는 알고 보니 비열한 도망자들이었다.

선장과 공모자들은 꽁무니를 뺐지만, 짐은 의연하게 불명예스러운 소송을 기다리고, 홀로 판결을 마주한다(그는 항해사 자격을 잃는다). 그 혼자만이 공개적으로 재판받을 용기를 냈기에, 사람들은 손가락질할 대상으로 오직 그의 이름만 기억할 것이다. 동양의 항구마다 썩어 빠진 배의 갑판에 800명의 순례자를 버려둔 뱃사람 짐의 이야기로 떠들썩하다. 그는 왜 다른 사람들처럼 소송을 피하지 않았을까? 영웅적 몽상을 품고 있던 그를 보트로 뛰어내리게 한 수수께끼, 그 자신도 예측하지 못한 그 느닷없는 행동의 수수께끼와 마주하기 위해서였다. 타인들의 눈길 속에 비친 자신을 끝까지 경멸하기 위해서였다. 수치의 잔을 들어 찌꺼기까지 남김없이 마시기 위해서였다.

　이 이야기는 죄의식과 무관한 수치심을 다룬다. 어떤 죽음도 짐의 양심을 짓누르지 않는다. 그가 한 행위는 누구도 해치지 않았다. 다만 그의 이미지, 그의 위신, 그의 이름만 해쳤을 뿐이다. 수년 동안 그는 자신의 그림자를, 자기이야기를 피할 것이다. 용기 있게, 꺾이지 않고 단호하게, **그가 죽고 난 뒤에도 수치심이 남지 않도록 막아주고 그를 씻어줄 영웅적인 속죄 행위로 죽음을 마주할 때까지.** 이것이 소설의 마지막 장면이다.

명예 없는 사회?

철학자들은 오래된 가족 집단의 도덕적 명령인 가문의 수치를 좋아하지 않았다. 고전 세기부터 그들은 깎아내릴 목적으로 그것을 심리화하고 개인화하면서 재구성하고 재형상화했다. 《르 시드》가 나오고 10년은 족히 흐른 뒤 데카르트는 이렇게 쓴다. "수치심은 자기애에 토대를 둔 슬픔으로, 비난받으리라는 두려움이나 생각에서 온다."(《정념론Traité des passions》205항) 스피노자도 수년 뒤《소론Court traité》에서 동일한 경향을 보인다. "수치심은 자기 행위가 타인에게 무시당하는 걸 보는 인간의 내면에서 생겨나는 일종의 슬픔이다. 〔…〕 명예와 수치심에 대해 말하자면, 이 정념들은 무용할 뿐만 아니라 〔…〕 해로운 것이므로 배척되어야 마땅하다."(12장)

고전적 도덕주의자들은 수치심을 축소한다. 이제 수치

심은 의례화되고 억압적인 사회 메커니즘도 가족의 재앙도 아니다. 그것은 작은 개인적 비극 속에 자리한다. 이 비극에서 문제가 되는 것은 타인들의 판단이 내게 영향을 미친 방식이다. 수치심은 자기애적 충동을 띤 무기력한 슬픔이 된다. 그것은 전염성 있고 집단적이며, 여기서 의식적인 차원은 사라진다. 어쨌거나 우리는 제 시대의 관습을 고려해야 하기에 이를 완전히 무시할 수 없지만, 수치심은 과도하게 예민한 감수성이 된다. 수치심은 정화해야 할 상징적 빚도, 복원해야 할 자산도 아니다. 그것은 '사람들이 나에 대해 뭐라고 생각할까?'라는 소심한 불안 속에 응축되는 정서다.

이 축소는 보다 "도덕적으로 올바른" 다른 정서를 위해 문화적으로 작용한다(데카르트와 스피노자가 그렇다는 것이 아니다). 나의 자유를 잘못 사용한 결과로 생겨나는 죄의식, 회한, 후회 같은 정서 말이다.[1] 우리는 어떤 대립 쌍들이 수치심을 깎아내리는지 알 수 있다. 내면과 외면, 깊이와 피상성, 진리와 억견, 초월적 가치와 사회적 관습. 이 개념적 축소 뒤로 우리는 기독교 도덕의 영향과 죄의 과대평가를 짐작할 수 있다. 성 아우구스티누스는 남편의 전우에게 강간당한 뒤 수치심에 사로잡혀 자살한 루크레티아의 죽음을 세간의 여론에 대한 지나친 염려 때문이라고 여기고 단죄한다("그녀는 자부심 강한 로마 여성으로서 영예를 갈망하는 정념 때문에 두려워했다"[2]). 수치심에 대한 가족적 윤리 속에서 평판에 대해 보이는 이 과민반응과 여론 숭배는 내적 자존심을 자양분으로 삼는 도덕과 대조된다. 이 도덕은 오직 양심의 고독 속에서 자아와 자아의 수직적 관계만이 중요하며, 타인들의 의견에 줄지어 서는 수평적 정렬을 경멸한다. 진짜 도덕은 박수갈채 측정기와 팔로워 수 따위는 아랑곳하지 않는다.

———

수치심에 대한 가족적 윤리를 맥 빠지게 한 것이 죄의 문화만은 아니었다. 역사사회학의 한 분파가 포착하고 구축한 현대 서양의 기둥 세 개[3]는 이 명예에 대한 감수성의 가치를 떨어뜨리는 데 크게 기여했다. 정치적 중앙집권제는 주체들에게 가족 규범에 대한 신성한 존중보다는 공공의 법에 대한 이성적 복종을 강요하고, 이 최고의 권위가 승인하는 법적 결정을 위해 사적 복수의 메커니즘을 단죄하고 추방함으로써 정의를 몰수한다. 그리고 자유주의는 개인을 부각하고, 가족의 성스러운 의무들의 구속을 늦춤으로써 개인의 권리와 자주적 행동을 강조한다. 마지막으로 자본주의는 빚의 상징적 의미를 흐리고, 오직 화폐를 통한 물품 거래만을 인정한다. 모든 것이 팔리고, 되팔리고, 구매되고, 매매되고, 거래된다.

비극과 여주인공과 복수자는 끝났다. 우리는 발자크의 모든 작품을 이런 관점으로 다시 읽어볼 수 있다. 명예 감정은 소멸되고 모든 것이 상품화되는 현상에 대한 발자크의 성난 묘사로. 매춘이 군림한다. 발자크의 소설 《곱세크Gobseck》의 주인공으로 새로운 문명의 상징이 된 고리대금업자 곱세크의 집 문턱을 넘어설 때는 이런 말을 읽어야 할 것이다. "여기 들어서는 그대, 모든 수치심을 버려라." 이 문은 국가 차원의 자유롭고 자본주의적인 현대성의 문이다. 현대성은 명예 없는 사회를 구축한다. 현대의 공동체들은 공공 법률(국가), 상거래(자본주의), 개인적 자유의 역할(자유주의)을 둘러싸고 조직된다.

그러면서 수치심의 얼굴은 달라진다. 덜 씨족적이고 더부르주아적이며, 덜 비극적이고 더 영리적이며, 덜 의례적이고 더 심리적인 얼굴로…. 먼저, 곧 보게 되겠지만, 가난하다는 수치심 혹은 그저 덜 부유하다는 수치심, 명예의 문화 속에서 주변인이라는 수치심이 확장될 것이다. 빈곤은 그리스도의 안개를 후광처럼 두른 운명처럼 체험되는 게 아니라 개인적 실패와 실패한 야심의 기표가 된다. 한편 명예는 변모되어 가족 속으로 이동한다. 이제 그것은 **체면**, **정상상태**로 불릴 것이다. 이제 핵심은 씨족, 가문, 이름, 결속된 조직망이 아니고, 덕망 있고, 근면하며, 절약하는 작은 부르주아 가정(결혼해서 자식을 둔 부부)이다. 이 가정은 세례식과 생일마다 모이고, 자녀의 장래를 걱정한다. 그들의 생활 수준, 밖으로 드러나는 덕의 기호들, 자식들의 수음에 강박적으로 사로잡힌다. 오이디푸스 가족, "핵가족", "캥거루 가족"[4], 처음엔 사제에게 관리되다가 나중엔 의사에게 몰수된 이 경제적-성적 핵심 집단은 몰리에르의 희극부터 1968년 5월 혁명까지 선과 악, 정의와 불의, 덕망과 악덕, 정상과 비정상의 경계를 그렸다. 미셸 푸코가 "권력에 대한 생각"에서, "표준에 대한 이론"에서 폭로하고 고발하고 싶어 한 건 바로 공공기관, 합법적 권위, 사법 체계와 법 아래 있는 **훌륭한 가족들**이 저항할 수 없는 막연한 권력이다. 그것은 "정신분석가"들의 친절한 지원에 힘입어 "진실"과

"본성"의 이름으로 **정상正常**의 제국을 건설했다.

정상은 통계적 반복도, 단순한 평균도 아니다. 그것은 존중할 만한 행동 모델이다. 정상은 명예 없는 우리 사회의 명예로움이다. 부르주아 가족은 수치심의 세 가지 주된 얼굴을 투사하는데, 모두 성性과 관계된 얼굴들이다. 간통하는 여성, 동성애자 아들, 수음하는 아이. 성을 수치심으로 가득 채운 건 기독교보다 부르주아 가정이었다. 구체제의 사회에서도 이미 군주제가 제공하는 '왕의 봉인장'[5]이라는 경찰 수단을 장악함으로써 치욕의 원을 그렸다. 이 준사법적 관행은 "부적절한" 행동으로 추문을 일으킨 개인을 몇 주, 몇 달 혹은 몇 년까지도 가둘 수 있게 허용했다. 상습적인 난봉꾼, "남성 동성애자", 자기 집으로 숱한 남자들을 불러들이는 가벼운 여자, 가족의 재산을 탕진할 위험이 있는 낭비벽 심한 아들, 공개적으로 신의 이름을 더럽히는 신성모독자. 왕의 봉인장은 가정에 동성애자나 바람기 많은 딸이 있어 한탄하거나, 동네에서 방탕한 노래를 고래고래 외쳐 평판을 실추시키는 정신이상자 때문에 괴롭다고 토로하는 가족들을 위한 도구였다.

전제군주가 정적들을 제거하는 수단이리라고 여겨지던

이 봉인장은 사실은 "존경받을 만한" 집안에서 무질서를 일으키는 자를 제거하고, 법을 어기거나 물질적 손실을 초래하는 일 없이 그저 **수치심**을 낳는 모든 자를 가두는 용도로 쓰였다. 문서를 작성하고, 파렴치한 사실과 행위들을 보고하고, 고뇌와 불명예에 빠진 한 가족의 그림을 내세웠던 것이다. 치안감독관은 그걸 읽고 나서 봉인장을 만들어주었고, 그 봉인장은 파렴치한 자를 즉각 구속했다. 법정을 거치지 않고, 공공 법의 이름으로 판결하지 않고, 가정 규범의 이름으로 감금한 것이다. 집안의 재산을 노름으로 탕진한 미라보는 아버지에 의해 감금되었고, 사드는 장모에 의해 투옥되었다.

이 관습은 대혁명에서 살아남지 못한다. 그러나 가족은 한 세기 넘도록 거대한 수치심의 공장이었으니, 가문의 평판을 더럽히는 남녀들을 제압하기 위한 준사법적인 다른 수단들을 찾아야 했다. 19세기의 정신병학은 치욕을 질병으로 분류하는 음산한 그물망 안에 두어 일탈자들과 비정상인들을 떠안는다. 그들을 정신병의 범주로 끌어들이고, 광기를 "수치스러운" 질병으로 만들어 그들을 정신병동에 가둔다.

1970년대부터 풍습의 해방, 개인의 권리의 초고속 격상, 자유지상주의와 예전에는 "털어놓을 수 없는 것"으로 평가되던 성적 행동들의 일상화가 결합된 초현대성은 빅토리아 여왕 시대풍의 가정과 수치에 토대를 둔 규범의 지배에 종말을 고했다. 그러나 페이스북, 트위터, 인스타그램 등 사회관계망의 발달과 더불어 현대사회는 "자아의 대중적 이미지"에 새로운 수량화된 점도(수적인 디지털 점도)를 부여해, 그 이미지는 이제 수량화되고, 주가지수처럼 변동을 겪는다. 저마다 인터넷에서 자신을 과시하고, 예시하고, 자랑하고, 팔고, 자신을 이미지화하고, 자신을 상상하고, 자신을 허용하고, 자신을 전시한다.[6] 각 **포스팅**에 푸짐하거나 빈약한 꽃다발로 평가가, 댓글이, 힘을 돋우거나 거슬리는 감상이 꽃을 피워 괴로움이나 즐거움을 낳는다.

혹자는 친구를 수백 명 단위로 헤아리고, 자신은 언제나 매혹적이고, 재미나고, 영적이며 구릿빛으로 그을린 최고의 모습으로 전시되는 평행우주에서 펼쳐지는 이 놀이가 어쨌든 현실의 거품만 그릴 뿐이라고 말할 것이다. 그러나 이 "가상"이 반드시 현실의 반대는 아니다. 우리가 현실이라는 말을 중요하고, 효과를 산출하고, 동력이 되고, 원인이 되는 힘을 지닌 무엇으로 이해한다면, 만약 그렇다면, 디지털은 **실재**다. 한편 중독 전문가들은 마약과 사회관계망에 대한 의존성 사이의 유사점을 (발산, 뉴런의 흥분, 생리적 과정 등의 용어로) 부각한다. 자아의 디지털 투사는 중독의 실체가 되었다. 그리고 관계망은 전염되듯 작동한다. 콘텐츠는 빠르게 교체되고 무한히 공유되며 바이러스처럼 움직인다. 가상성 = 바이러스성 = 현실. 현대의 수치심들은 바이러스성 가상현실 속에서 구축된다. 욕설이 넘쳐나는 SNS 계정, 사이버 비방 공격으로 깨지는 사이버 평판, 근거 없는 익명 욕설의 홍수, 네티즌을 탈탈 털어 새하얗게 질리게 만드는 악의적인 조롱…. 그러면 우리는 더는 자기 계정을 열 엄두가 나지 않는다. 온 세상이 결탁하는 듯하다.

여기서 고풍스런 수치의 몇 가지 결정인자를 다시 만난다. 굴욕의 객관성(사이버 평판은 감정이 아닌 팔로워의 수로 계산된다). 희생자의 몰락, 이건 우리의 디지털 흔적이 우리를 벗어나서 심지어 우리를 굽어보기에 더욱 잔인하다. 우리의 크고 작은 수치는 데이터 속에 영원히 남아서(물건 구매, 사이트 방문, 사진, 이동, 셀카, 접촉, 비디오) 우리도 모르게 다시 떠오를 준비가 되어 있다. 우리의 공공 이미지는 어떤 증오심에 붙들려 고정될지 모른 채 웹에 떠돈다. 나는 단 몇 분, 몇 시간 만에 광적인 속도로 전달되는 노이즈 마케팅의 표적이 된다. 실추는 바이러스처럼 퍼져서 나는 보편적 비방의 대상이 된다. 존 론슨은 《수치!》[7](영어 제목은 《So You've Been Publicly Shamed(공개적으로 수치당하셨군요)》)라는 제목의 냉혹한 책에서 이런 추락의 이야기를 들려준다.

———

영국에서 남아프리카공화국으로 가는 비행시간 동안에 찢기고 산산조각이 난 삶이 있다. 런던과 케이프타운 사이를 이동하는 11시간 동안 한 젊은 여성이 무방비로 디지털 폭력을 당한다. 그 일로 그녀는 일자리를 잃고, 주변 지인들의 존중과 가족의 사랑을 잃는다. 모든 건 그녀가 트위터에 쓴 고약한 농담으로 시작된다. 저스틴 사코는 얼마 되지 않은 팔로워를 상대로 매번 웃기지도 못하고, 가끔은 살짝 한심스럽기도 한 농담을 던지는 습관이 있었다. 그녀의 디지털 친구들은 대개 정중하고 무심하게 응대했다. 2013년 12월 20일, 그녀는 비행기를 타기 전에 트위터를 하면서 늘 하던 대로 고약한 취미를 드러낸다. "아프리카로 간다. 에이즈에 안 걸렸으면 좋겠다. 농담이야. 난 백인인데!" 한 기자(샘 비들)가 그 트윗을 보고 1만 5000명의 팔로워와 공유하자 즉각 돌풍이 인다. 저스틴이 수 킬로미터 고도에서 평화로이 잠자는 동안 디지털 증오의 홍수가 그녀의 계정에 밀려온다. 분개한 인종차별 반대자들, 격분한 에이즈 환자 협회가 행동에 나섰고, 기회만 나면 증오심을 표출하는 자들과 파렴치한 기회주의자들(도널드 트럼프 같은)이 일제히 떼 지어 달려든다. 그녀의 고용주도 트위터로 그녀의 말을 비난한다. 사람들은 주인공의 침묵에 놀라며(평화로이 자고 있었는데) 해시태그 "HasJustineLanded(저스틴은 착륙했나)"를 달기 시작한다. 그녀가 노트북을 다시 켤 순간을 포착하기 위해 사진기사까지 파견된다. 그녀는 도착하자마자 스스로 작동시킨 현상 앞에서 공포에 사로잡혀 자신의 트윗과 계정을 서둘러 삭제한다. "미안 JustineSacco, 네 트윗은 영원히 살아 있을 거야"가 "가련한" 영혼을 예고한다. 케이프타운에서 꿈의 휴가는 악몽이 된다. 저스틴이 예약해둔

호텔의 직원들은 그녀를 받아주면 파업을 하겠다고 위협하고, 그녀의 남아프리카 가족마저 그녀를 저버린다. 12월 20일부터 그달 말까지 저스틴 사코의 이름은 구글에서 100만 건 넘게 검색된다. 신상이 털리고, 해고당하고, 파산하기까지 한 줌의 시간으로 충분했다. 그야말로 디지털 증오의 쓰나미였다. 이 이야기는 7년도 넘은 것이지만, 그녀의 이름을 구글에 치면 지금까지도 그녀의 트윗을 볼 수 있을 것이다.

디지털 증오는 당신이 죽은 후에도 살아남기에, 그 때문에 죽는다는 말은 더 이상 은유가 아니다. 사이버폭력의 희생양이 된 아이들과 여성들이 자살한다. 전염성 강한 리벤지 포르노*는 삶을 산산조각내고, 그 어처구니없는 비디오는 거슬러 올라가 커리어까지 더럽힌다. 그런데 여기서는 복수가 불가능하다. 디지털 회복이란 존재하지 않는다. 클라우드에 저장된 수치들은 가닿을 수 없기에 끌 수도 없다.

* 헤어진 연인에게 보복하기 위해 유포하는 성적인 사진이나 영상.

사회적 멸시

"가난"하다는 수치심은 거의 지나칠 정도로 추상적이다. 판단의 상처를 느끼게 하려면 낙오자, 시골뜨기, 이 투성이, 촌놈 같은 말을 해야 할 것이다. 출신이 변변찮은 사람이라면 누구나 개인사에서 여러 사례를 꺼낼 수 있을 테고, 돈과 안락함이 지배하는 세상과 부딪친 고통스러운 대면을, 촌뜨기를 얼어붙게 하는 "세련된" 척도들(오페라, 프리재즈, 대안영화)과의 고통스러운 대면을 기억할 것이다. 자신의 좌표에 대한 수치심, 자신의 문화적 무의식성에 대한 수치심. 자신의 외투, 셔츠, 신발에 대한 수치심. 조금 전만해도 나의 물건들이 번쩍거린다고 생각했는데, 어딘지 혐오스러워 하고, 나를 향해 빈정거리는 듯하고, 아니면 그저 놀란 듯하며 상처를 주는 시선들이 눈에 들어온다. 발자크의 소설 《잃어버린 환상Illusions perdues》의 뤼시앙 드 뤼

방프레가 블루아 지방에서 멋쟁이로 통하다가 파리로 상경해서는 갑자기 구질구질해지고 타조처럼 우스꽝스러운 꼴이 되듯이. 나는 스스로를 더럽다고 느낀다. 전에는 눈에 띄지 않았던 스웨터의 허연 얼룩도 보이고, 소매도 낡았다. 누더기를 걸친 꼴이다.

옷(옷은 보자마자 인사도 건네기 전에 낙인을 찍는다) 다음으로는 말하고, 먹고, 걷는 방식이 당신의 뜻과 반대로 당신이 하위 세계에 뿌리를 두고 있음을 증언해준다. 이빨 빠진 사람들, 불쌍한 사람들, 보잘것없는 자들, "작고, 어둡고, 계급 없는 자들"(에드몽 로스탕[1])의 세계 말이다. 어휘, 발음, 구문, 입 모양, 어눌한 걸음걸이, 말뚝 쥐듯 나이프를 쥐는 방식, 이 모든 것이 당신을 폭로한다.

이 초보적 수치심들을 경험하는 특별한 나이가 있는데, 유년기보다는 어린 청소년기다. 중학교로 넘어갈 즈음, 가상과 실제에서 경험하는 숙명적인 수치의 장면들이 얼마나 많은가. 열한 살, 열두 살은 더는 가족의 사랑만으로는 채워지지 않는 나이다. 가족의 사랑은 기껏해야 은신처가 되고, 그렇지 않으면 악몽이 된다. 이제 **나는 누구인가**는 **나는 어떤 가치를 지닌 사람인가**로 이해되고, 타인들의 말과 눈길 속에서 그렇게 작동한다. 세상의 카드 속에서 섞이고 다시 뒤섞인다. 나는 비교하고, 비교되며, 더 부유하고, 더 강하고, 더 옷 잘 입고, 더 빛나는 걸 발견한다. 그리고 나 자신이 하찮음을 발견한다.

타인들의 눈길에 좌우되는 이 삶은 우리의 지옥이고, 순수함의 상실이다. 타인을 위해, 타인에 의해, 타인의 세상에서 그들 판단의 인질이 되어 존재하도록 선고받은 삶이다. 게다가 나의 머릿속조차 스스로에 대한 평가와 남과의 비교로 가득하다. 나는 플러스인가 마이너스인가? 사람들이 나에 대해 뭐라고 말할까? 예컨대 반 "친구들"은….

아니 에르노는 그 나이에 타인들의 눈길에서, 그들의 신랄한 지적을 통해 자신이 썩 번듯하지 않은 카페 겸 식료품점에서 술꾼들에게 둘러싸여 산다는 걸 깨닫는다. 그녀는 질겁해서 **다른** 세상, 진짜 세상이기도 한 다른 세상, 다시 말해 중요한 세상에서는 어떻게 살아가는지를 배우며 자신의 발성법과 어휘를 억지로 바꾼다. 산술적으로는 소수이지만 가치론적으로는 다수인 세상. 우리가 속하고 싶고, 속해야 할 세상, 내 욕망의 새로운 대상인 세상. 나는 그 세상에 합류하고 싶고, 거기서 배제된다는 느낌에 화가 난다.

옆자리 여자애가 내게 알려준다. 침대는 아침에 정리하는데, 매일 해야 해. "넌 이상한 집에 사나 봐!" 다른 여자애들은 뒤돌아서 저들끼리 수군거린다. 웃음, 행복, 그러다 갑자기 상한 우유처럼 맛이 시큼해진다. 나는 나 자신을 본다. 내가 다른 사람들과 닮지 않았다는 걸 본다….[2]

심지어 악취를 풍기는 것이 가난한 이들의 속성이다. 락스 냄새다. 아니 에르노는 기억한다. 어느 토요일 아침, 중학교에서 프랑스어 작문 시간이 시작되기 직전, 안경집 딸 잔 D가 공포에 질려 비명을 외친다. "어휴, 락스 냄새!" "나는 땅속으로 숨고 싶었고, 손을 책상 밑에, 어쩌면 블라우스 주머니 속에 숨겼다. 나는 수치심에 죽을 것만 같았다."[3] 어린 아니는 집을 떠나기 전 부엌에서 락스 냄새가 밴 물통에 손을 씻었던 것이다. 그것은 가난한 이들의 냄새, "사회적 냄새"[4]였다.

우리는 질겁해서 가련한 표정을 지으며 우리의 몸짓, 걷고 먹고 말하는 방식들이 둔중하고 투박하다는 걸 발견한다. 낯선 의례, 있을 것 같지 않은 규칙 등. 모든 것이 우리를 억압하는 멸시를 낳을 수 있고, 자신의 가족은 수치심의 우물이 된다.

성당에서 그녀는 큰소리로 성모송을 노래했다. 어느 날엔
가는 하늘로, 하늘로 성모님을 뵈러 가리라. 그때 나는 울
고 싶었고 그녀가 미웠다. [...] 나는 나의 엄마가 너무 요란
하다고 생각했다. 엄마가 다리 사이에 병을 끼고서 병마개
를 딸 때면 눈길을 돌리곤 했다. 엄마가 말하고 행동하는
거친 방식이 부끄러웠고, 내가 엄마를 많이 닮았다고 느꼈
기에 더더욱 수치스러웠다.[5]

입속에 감도는 배신의 맛. 사회적 수치심은 철학자들이
그들의 추상적 몽상 속에서(사회계약, 공화주의 협정, 이해 공
동체 등) 어김없이 놓치는 사회라는 차원을 발견하게 해준
다. 판단 체계, 수직적 조직, 낙인의 힘, 상징적 배제라는
폭력, 수모와 수치의 반복된 경험으로서의 사회 말이다.
부유하거나 가난한 것은 이내 선하거나 악한 것이, 잘하거
나 못하는 것이, 잘 생겼거나 못생긴 것이, 높거나 낮은 것
이 된다. 나는 어떤 눈길을 감내한다. 혹은 그걸 감내하게
될까 두렵다. 그것이 명백히 경멸적이든, 다소 거만하든,

그저 조금 놀란 눈길이든, 썩 재미있어하는 눈길이든 그 눈길은 **불타는** 것이어서 끔찍한 사회적-존재론적-도덕적 동형성이 느껴지고, 혹독한 방정식이 펼쳐진다. 나는 별로 가진 게 없다 = 나는 별 가치가 없다 = 나는 가치 없는 존재다. 나는 가진 게 아무것도 없다 = 나는 아무 존재가 못된다. 일종의 피라미드다. 꼭대기는 우수해서 갈망의 대상이며, 밑바닥은 멸시당한다. 사회는 자리의 체계이며, 수모는 사람들을 각자의 자리에 돌려놓고, 저마다 자기 자리를 깨닫게 한다. 언제나 낮은 자리를. 수치심의 경험은 무엇보다 재할당의 경험이다. 파농이 썼듯이[6] "태초에" 나는 스스로 살아 있고 가볍다고 생각했다. 그러다 갑자기 지목당한다. 나는 여러 세계의 분리와 경계, 문턱과 문들을 발견한다. 수치심은 고통스러운 괴리감이고, 인장의 상실이며, 자격의 박탈이다. 디디에 에리봉은《랭스로 되돌아가다Retour à Reims》에서 자신의 사회적 출신을 공개적으로 말하는 것이 자신의 동성애 성향을 밝히는 일보다 더 고통스러웠다고 쓴다("나로서는 사회적 수치심보다 성적 수치심에 대해 쓰는 편이 한결 쉬웠다[7]").

계층 탈주자는 너무 일찍 눈에 띄지 않는 법을, "자신의"

세상을 속이는 법을 금세 터득한다. 너무 큰 위험을 무릅
쓰지 않기 위해 가능한 한 자기 세상에 대해 말하지 않고,
지나다가 덥석 문 규범 파편들을 빌려서 조금씩 복제하고,
무심함을 가장한 채 몸짓과 탄성들을 훔치고는 신중하게
재생산한다. 그것은 고통스럽고 비루한 학습이어서 사람
을 지치게 한다. 잭 런던의 소설 도입부에서 마틴 에덴의
몸은 도자기들 한가운데 자리한 곰처럼 우둔하고 서툴다.
첫 식사와 첫 대화들. 저들은 아주 능숙히 포크를 다루고
문학을 인용한다. 그런데 나는 어떻게 해야 **사방팔방으로**
나를 드러내지 않을 수 있을까? "삶은 그저 실수요 수치일
뿐이다."[8] 우리가 어디 출신인지 드러내지 않고, 눈에 띄지
않기 위해 극도로 주의해야 한다. 타인들 틈에 투명하게
자리 잡기 위해 눈에 띄지 않고 대체 가능한 존재가 되려
고 노력해야 한다.

　좀 더 보기 드문 술책은 자신의 캐리커처 속에 들어앉
아 모습을 과장하고 부풀려 자신을 광대처럼 받아들이게
하는 것이다. 나는 나의 요령부득을 과장해 사람들을 웃기
고, 나의 촌스러움을 강조한다. 배꼽을 잡고 웃을 일이다.
그렇게 적어도 자신의 자리를 인정하고, 우스꽝스러움을

유발함으로써 우스꽝스러움을 제어하며, 스스로 본보기를 보여 비웃음에 먹잇감을 제공함으로써 비웃음을 조금은 통제하는 것이다. 그러면서 그 대가로 멸시의 색조를 띨지언정 약간의 애정을 바라는 것이다. "저 사람 많이 웃기네." "저 여자 재밌네." 바보들의 만찬이다. 우리는 다른 사람들을 위해 바보짓을 하는데, 우리의 우스운 짓거리는 고마움의 표현이다. 그러나 나는 그들이 가하는 멸시의 따뜻한 주머니 속에 단단히 똬리를 틀고 그 안에 머문다. 내면에서는 모든 것이 뒤엎어질 기미를 보이지만 **아직은 무리 속에 머문다.**

———

사회적 수치심은 결코 순수하지 않다. 모호성이 수치심을 성난 것처럼 보이게 한다. 아니 에르노의 문장들 사이를 가로지르는 분노는, 중립을 표방하고 있지만, 문장들에 엄청난 긴장감을 부여한다. 가난은 불의가 될 수 있고, 일정한 문턱을 넘어서면 심지어 추문이 될 수도 있다. 그렇다고 가난이 선험적으로 수치스러운 것은 아니다. 그것은 멸시의 기계적 결과도 아니다. 그것은 공개적 모욕을 당한 뒤 복수를 요구하는 가족적 치욕의 객관적 논리와는 아무런 상관이 없다.

사회적 수치심의 아픔을 느끼려면 내적 재연이 필요하다. 카페 겸 식료품점에서 살고, 남의 집 청소를 하는 어머니를 두고, 일요일에 입을 말끔한 바지가 한 벌뿐이고, 너무 큰 신발 한 켤레만 가진 건 어느 정도까지 **실제로** 창피스러운 일인지? 돈의 결핍은 기계적으로, 언제나, 선험적으로 품위를 떨어뜨리는 일인지?

가난하더라도 구걸할 정도로 빈곤하지만 않다면 자부심을 내세울 수 있다. 벌이가 적은 사람도 자신이 땀 흘려 일해 보잘것없는 부를 유지하고, 쥐꼬리 만한 월급일지언정 제힘으로 버는 걸 자랑스러워할 수 있다. 이 자부심은 이런 의심을 먹고 자란다. 저렇게 거드름을 피우며 걷고, "밖으로 온갖 티"를 내는 저 사람은 돈이 어디서 났을까? 일해서 벌었을까? 그럴 리 없다. 저런 사람이야말로 멸시당해 마땅하다. 사회적 멸시가 어떻게 멸시 가해자를 향해 역류할 수 있는지는 쉽게 상상할 수 있다. 모욕당하는 자가 평소의 품행을 유지하고 흔들림 없는 자존감을 보여준다면, 그 초연함이 그를 깎아내리려는 판단을 무력화하는 것이다. 그러면 모욕을 가하는 자는 우스꽝스럽고 가련한 꼴이 된다. 대체 자기가 뭐라도 되는 줄 아나?

가난에 대한 자부심을 지지하기 위해 견유학파들의 도발이나 뒤에 가서 언급할 성 프란치스코회의 신비주의를 언급할 필요는 없다. 벌이가 변변치 않은 자들, 소박한 자들은 어리석은 관습들에 아랑곳하지 않고, 바보 같은 속물주의를 비웃고, 갑갑한 태도를 비웃는 세상에 속하는 데 만족할 수 있었다. 이 모든 것은 보고 듣기에 딱하고, 품위를 떨어뜨리는 것이다. "우리는 그렇지 않아." 점잔 뺄 것 없다. 리처드 호가트는 "우리와 그들"[9]이라는 프롤레타리아 수사修辭에 관해, 투박하게 진솔한 계층에 속한다는 강렬한 감정에 관해, 함께하는 노고에 대해, 즉각적인 연대에 대해, 건강, 활력, 제라르 모르디야의 《사회주의 공화국 만세!》[10]에서 활짝 터져 나오는 노동자의 기쁨에 대해 더없이 멋진 글을 썼다.

사실 가난의 진짜 문제는 부도 빈곤도 아니다. 오히려 부자들이야말로 충분히 부유하지 못한 것을 수치스러워한다. 가난한 이들이 빈곤에 강박적으로 사로잡히는 건 수치심이 그쪽을 통해 지속적인 위협으로 억압하기 때문이다. 가난한 이의 자존심은 노력의 결과이자 곤궁을 정복한 대가다. 부자의 에토스가 부러움을 사는 것이라면, 가난한 자의 에토스는 수치를 만들지 않는 것이다. 아니 에르노가 생살에 박힌 가시처럼 뽑아낸 아버지의 문장은 이것이다. "어느 날, 아버지는 자랑스러운 눈길로 말했다. '난 너에게 한 번도 수치심을 안긴 적이 없어.'"[11] 아마도 그는 이런 말이 하고 싶었던 모양이다. '난 한 번도 사기를 친 적 없고(내 일에만 빚졌을 뿐), 한 번도 구걸한 적 없고(빈민층으로 추락하지 않았고), 한 번도 허풍 떤 적 없고(실제 나 자신보다 더 잘났다고 생각지 않았고), 언제나 깨끗했어.' 아, 그러나 깨끗하긴 해도 그리 반짝이지는 않은 그의 카페 겸 식료품 가게가 어린 아니에게 얼마나 수치심을 안겼는지를 그가 알았더라면.

그 너머로, 우리는 가난에 대한 자부심을 확립하게 해줄 구분선을 발견하게 된다. 수직체계와 층들을 부각하고 양에 토대를 두는(너 얼마 벌어?) 구분선이 아니라, 앞에서 이미 언급한, 도덕과 성과 미덕의 경계를 그리는 구분선이다. 앞에서 우리는 교훈적인 낙인을 부르주아 가족의 발명품이라고 말했다. 그러면서 집사들과 하녀들이 잘 알고 확인해주듯이 번지르르한 금박 아래의 퇴폐적이고 교활하고 비열한 부르주아 계층에 맞서는, 덕성 높고 건전한 민중의 전설을 통한 낙인의 만회는 고려하지 않았다. 미르보의 《어느 침실 시녀의 일기Journal d'une femme du chambre》(1900)의 전통 속에서 우리는 하인들과 하녀들의 이야기를 즐긴다. 내밀한 지점(속옷, 침대 시트, 몸)에 접근하는 그들은 체면이라는 위선적인 표면 뒤에 숨겨진 파렴치함을 폭로한다. 부르주아 계층은 거짓된 재료들 아래 도덕적 수치심을 감춘다.

가난한 자의 자부심과 관련해 우리는, 필연적인 프롤레타리아의 승리로 이어질 역사에 대한 마르크스식 도식을 신뢰한다면, 가난한 자의 자존심은 최종 승리를 약속받은 계급에, 마침내 소외를 극복한 인류 구원의 도구가 될 계급에 속한다는 의식을 자양분으로 취할 수 있다는 사실을 잊지 않을 것이다. 노동자는 미래의 설욕을 앞질러 맛보면서 재갈을 물고 참을 수 있었다. 가난한 이들은 '위대한 그날'의 부자들이었다.

가난한 자의 자부심이 심하게 비틀린 것이라고 반박할 수도 있을 것이다. 그 자부심은 곧장 사회적 보수주의로 이끌지 않겠는가? 결국 모두가 자기 계층에 만족하니 말이다. 계층을 넘어선 빈곤은 모든 사람에게 연민과 두려움을 불러일으킨다. 나는 특히 그것이 역사적 파토스*라고, 어쩌면 시대에 뒤떨어진, 신자유주의가 몇십 년에 걸쳐 지운 윤리적 얼굴이라고 생각한다. 공산주의의 역사적 패배, 위대한 담론들의 종말도 그것에 공헌했지만, 어떤 자유주의적 독단론이 우리에게 개인의 자발성과 책임감의 이데올로기를 세뇌해, 결국 가난을 패배로, 재검토나 전면 수정을 요구하는 개인적 실패(의지 결핍, 게으름, 비겁함?)로 만든다. 가난은 야심 결핍의 일방적인 기호가 되었다.

———

그리스 견유학자들에서 간디에 이르기까지, 이 사회적 수치심의 전복은 영웅적인 형태로 우리 문화 속에 새겨졌다. 가장 오래된 지혜들은 우리가 알다시피 부를 거짓된 재산으로 단죄한다. 비본래적이고, 비필수적이며, 일시적

* 고대 그리스어 paschein(받다)에서 파생된 말로 근본적인 뜻은 '받은 상태'이다. 광의로는 어떤 사물이 '받은 변화상태'를 의미하고, 협의로는 특별히 '인간의 마음이 받은 상태'를 의미한다.

인 재산. 나중에는 "인간을 소외시키는" 것이라고 말하게 될 재산이다. 그렇지만 사치를 추구하지 않고 엄격과 절제를 권장하는 일과 자발적으로 사치를 금하고 다른 사람들이 이윤을 축적할 때 보이는 것과 같은 분노와 열정을 쏟아 빈곤의 구덩이를 파는 일은 다르다. 견유학파의 디오게네스는 자신이 오직 세 가지만 가졌음을 자랑한다. 의복과 지붕 구실을 하는 단벌 외투, 빈곤을 담는 바랑, 걷는 데 쓰는 지팡이. 그러면서 그는 도취해서 선언한다. 나의 소유물은 무한해서 세상만큼 크다. 나는 무한한 별들을 천장으로 소유했고, 내 머리를 쉬게 할 더없이 아름다운 초목을 가졌다. 나는 발길이 멈추는 곳 어디서건 자고, 무엇이건 손에 들어오는 음식을 먹는다. 가난이 **결핍**의 수량으로 측정되는 것이라면 누가 이 견유학자보다 부자라고 주장할 수 있겠나?

나는 재산도 없고 하인도 없습니다. 바닥에 누워 잠을 잡니다. 내겐 아내도 자식도 집도 없지만, 온 땅과 온 하늘과 외투 하나가 있습니다. 대체 내게 무엇이 부족하겠습니까? 내겐 슬픔도 두려움도 없습니다. 그러니 나야말로 자유롭지 않습니까?[12]

디오게네스는 어느 날 샘에서 두 손을 모아 물을 마시는 꼬마를 본다. 그가 외친다. "저런, 나보다 더 강한 상대를 만났군!" 그러곤 바랑에서 보잘것없는 나무 물잔 하나를 꺼내더니 단호히 던져버렸다. 더는 필요 없다. 덜 갖는 건 더 가난해지는 것이 아니라, 오히려 가벼워지고, 무중력을 더 얻는 것이다. 그가 가난을 자랑하고 세공하듯 다듬고, 뚱뚱한 소유자들을 혐오하고 부자들을 한탄하는데 누가 그에게 가난을 수치스럽게 여기게 할 수 있겠나? 몇 세기 후, 아시시의 성 프란치스코는 자발적 가난을 비만한 교회에 던지는 도전으로 세움으로써 디오게네스의 몸짓을 되풀이한다. 더 훗날에 간디는 물레를 돌려 만든 실로 지은 면직물 외의 다른 옷은 입기를 거부한다. 그리고 가진 재산으로 지팡이 하나만 꼭 쥐고 자급자족 경제(아쉬람) 공동체 조직을 개발한다.

사회 전복의 이 개별적 주체들은 자신들의 가난을 **부에 대한 수치의 원리**로 삼았다.

이 극단적인 태도들에서 우리는 사회적 멸시를 피하고, 따돌리고, 뒤집을 수 있다는 사실을 포착한다. 사회적 멸시는 수치심을 낳지만, 나를 단죄하는 체제에 대한 충성을 의미하는 내밀한 인수, 내적 동의가 있어야 가능하다. 그 동의에는 두 가지 운명이 있다.

첫 번째는 내적 투사*의 운명이다. 뱅상 드 골자크Vincent de Gaulejac나 크리스토프 드주르Christophe Dejours의 책[13]에서 우리는 같은 사실을 확인한다. 수치가 사회적 멸시를 내면화한 결과라는 것이다. 부자의 교만, 무례한 오만, 혐오를 담은 비웃음은 마음속에 이런 말을 낳는다. "내가 형편없는 건 사실이야. 사람들이 나를 배려하지 않는 건 당연해." 타인의 멸시가 자기멸시로 바뀌는 것이다. 자식들 앞에서 멸시당하는 계층에 속한다고 느끼고, 상사의 모욕을 견뎌야 하는 수치심을 느끼는 것이다. 지혜의 금언들은 그다지 도움이 되지 못한다. 그런 금언들은 자유로운 선택

---

* 타인의 태도, 가치, 행동을 마치 자신의 것인 양 동화하는 무의식적 과정을 가리키는 정신분석학 용어.

을 해야 한다는 단호한 엄격성에 대해서만 말한다. 가난은 대개 **견디는** 것인데, 지배적 사회의 진술들은 자유와 기쁨의 열쇠를 엄청난 소득에 두고 그것을 성공의 기호로 삼는다. 이 첫 번째 운명의 한계를 넘어서면, 수치심은 침착한 수용 속에 용해된다. "그가 나를 멸시하고 모욕하지만 어쩌겠어. 세상이 그런 걸. 우리는 아무것도 바꾸지 못해." 말하자면 달콤한 비몽사몽 상태인데, 위고가 "잠자는 이들에게"라는 시에서 들려주는 큰 외침도 그 상태를 흔들어 깨우기는 어렵다. "잠에서 깨시오, 수치심은 이제 그만!"[14]

  두 번째 길은 성난 야심의 길이다. 타인의 멸시가 내게 불을 질러 나는 어쩔 줄 모르고 쩔쩔맨다. 그것이 내 안에 원한을 키운다. "어디 두고 보자고." 가치도 품위도 땅에 떨어진 자신을 바라보려니 음험한 분노가 치민다. 다른 사람의 입장에 서보면 훨씬 잘 보였을 텐데. "저 사람은 자기를 뭘로 아는 거지? 그리고 나를 뭘로 아는 거지? 두고 봐, 대가를 톡톡히 치르게 될 테니." 모욕적인 수직체계에서 닥치는 대로 부당한 이유(출신, 재산)만 찾는다. 그러면 "나로 말할 것 같으면" 같은 식의 부글부글 끓는 마음속에서 설욕의 계획이 이내 무르익는다. 참고 열심히 일해서, 아니면 냉철하게 계산해서 나는 저들이 존경하는 사람이, 저들이 "안다"고 말할 수 있기를 열렬히 갈망할 인물이 되고 말 테다. 나의 포부엔 한계가 없지만 숨긴 채 나아가야 한다(야유를 조심하고).

사회적 수치심을 자극하는 이 야심은 우리가 나쁜 꿈을 좇을 땐 어떤 역설적인 계획을 품는다. "두고 보라고. 조만간 내가 당신들의 간절한 초대도 무시하고, 당신들을 눈에 띄지도 않는 존재들로 만들고, 가련하게 바라봐줄 테니." 미래의 복수, 눈부신 설욕의 꿈이다. 이때 야심은 오늘은 나의 가치를 떨어뜨리지만 내일은 끌어올려줄 체계를 정당화하고 지지한다. 그저 시간과 시기의 문제일 뿐이다. 나는 **나 역시** 멸시가 횡행하는 이 세상의 일부라는 걸 잘 안다. 나는 그들에게 **내가 누구인지 보여줄** 것이다. 그러면 내가 그들의 자리에 있기를 그토록 바란다면 결국 수모 당한 자들보다 수모를 가하는 자들과 더 가깝다고 느껴야할까? 한계를 넘어서면서 분노가 치민다. 야심의 분노는 사욕에서 나오고, 화는 정의에 대한 요구를 품고 있다. 그래서 화는 나쁜 열정에서 분노로 변할 수 있는 것을 벗겨낸다. 비방에 대한 응대는 다행히 내적 투사("저들이 옳아. 난

무가치해")나 개인적 야심("나는 저들이 틀렸다는 걸 보여주고 말거야")에 한정되지 않는다. 아리스토텔레스는《수사학》에서 화를 멸시에 대한 올바른 응대로 여겼다.[15] 화는 수모로 훼손된 자존감의 복구 요구를 표현한다. 여기서 내가 말하는 건 가문의 복수(명예의 빚을 그에 상응하는 행위로 해결하는 것)의 리메이크가 아니라, 정치적 보복이나 보복 야심을 뛰어넘고 수치심을 "위쪽으로" 분출하는 미학의 원칙이다. 바로 아니 에르노가 "자신의 인종에 대한 복수"[16]라고 불렀던 것이다. 이에 관해서는 나중에 길게 다룰 예정이다.

이 정치적 분노의 속성은 수치심 속에 반사법칙을 산출한다는 것이다. 카뮈가《최초의 인간Le Premier Homme》에 쓴 한 문장이 여기서 길안내 역할을 할 수 있을 것이다. (저자의 문학적 분신인) 어린 자크는 학교 선생님 덕에 장학금을 받고 중학교에 진학한다. 반에서 자기소개서에 "부모의 직업"을 적으라고 한다. 그의 아버지는 돌아가셨고, 어머니는 온 가족을 먹여 살리기 위해 이 집 저 집에서 가정부로 일한다. 그는 망설인다. "가정부?" 아니지, 아니지. "하녀"라고 적어야 해. "가정부"는 다른 거야. "하녀?" 그런데 하녀라면 종, 노예라는 뜻 아냐? 수치심이 몰려든다. 그래 그게 맞아. 우리 엄마는 남의 집 집안일을 하러 다녀.

카뮈는 곧 어린아이의 그 수치심의 고통스러운 모호성을 그린다. 내가 어머니를 부끄러워하는 건 어머니가 멸시당할 만하다고 여기기 때문이다. 사실은 용감하게 쉬지도 않고 우리를 먹여 살리기 위해 희생하고 있는데. 그러자 곧 나의 수치심에 대해 수치심이 든다.

자크는 그 표현을 쓰다가 멈췄고, 갑자기 수치심을 느끼는 동시에 수치심을 느낀다는 사실 자체가 또 수치스러워졌다.[17]

이 두 수치심은 같은 음역에 속할 수 없다. 전자는 멸시를 내면화한다. 후자는 소스라침이고, 분노다. 불공정한 가치 체계를 그렇게 쉽게 지지한 자신, 배신한 자신에 대한 분노다. 어린 자크는 흐릿하게 이해한다. 어머니가 하인으로 일할지라도 **남들을 위해** 일하지는 않았으며, 남들의 집에서 당신의 자식들을 위해 일했다는 걸.

유령 이야기

우리가 전적으로 외재적인(타인들의 생각으로 야기된) 수치심과 전적으로 내재적인 죄의식 사이에 세운 첫 번째 대립은 어림짐작이고 개략적이었다. 문제는 분명히 훨씬 복잡하다. 사실 내가 죄의식을 느끼는 건 언제나 **타인을 향해**서다. 부당하게 타인에게 상처를 입히고, 파렴치하게 타인을 무시한 일로 고통에 사로잡히는 것이다. 그런데 수치심에 대한 상투적인 돌림노래가 있다면 그건 바로 이것이다. "그래서 나는, 그래서 나는, 그래서 나는…." 나는 스스로 세평의 인질이 된 걸 발견하면서 내가 무엇보다 내 이미지의 노예라는 걸 발견한다.

결국, 수치심보다 더 내밀한 것이 없다. 하지만 그 내밀함이란 타인들의 존재가 종횡무진 누비며 흔적을 남긴 내밀함이다. 수치심을 이해한다는 건 "나"와 "타인들" 사이의 명백한 구분이 부스러지는 걸 지켜보길 받아들이는 일이다. 몽테뉴는 이렇게 썼다. "우리와 우리 자신 사이에는, 우리와 타인 사이만큼의 차이가 있다."(《에세Essais》 2권, 1장) 때로는 한술 더 떠서, 자신과 자신의 거리가 자신과 타인들의 거리보다 더 멀다고 말하고 싶어진다.

나와 타인들, 그 구분은 일정한 수준의 분석에 부서진다. 정신적으로 양 진영은 전복되고, 바스러지고, 분해된다. 나는 타인들로 구성되었다. 그 타인들은 밀집한 하나를 이루지 않고, 파편으로(부모, 친구, 동료) 분해되는데, 그 파편들에서 나의 면면들이 반짝인다. 내 몸의 한정된 부피는 유일하고 안정적인 소유주가 그 몸에 부합한다는 생각이 들게 할 수 있을 것이다. 그러나 니체의 표현을 빌리자면 그것은 "유용한 허구"일 뿐이다. 나라는 자아는 조밀한 핵심, 닫힌 정체성을 형성하기보다는 분열되어 갈팡질팡하는 유령들로 북적인다. 내 몸 자체에서 분리된 분절체는 오직 거시생물학 차원에서 하나의 단일성을 이룬다. 몇십 년 전부터 면역학은 우리에게 삶이 미생물 군체를 맞이하기 위한 지속적인 타협과 항구적으로는 박테리아, 바이러스, 기생충들과 재협상을 꾀하는 능동적인 환대로 이루어졌음을 일러준다. 정신적인 자아 역시 다원화되고, 타인의 유령들에 뒤덮이고 장악되어, 그 타인들이 모여 하나의 자아라는 유령을 그린다.

이 불확실한 춤을 묘사하기 위해 나는 정신분석학의 세 가지 개념을 차용하겠다. 정신분석학의 토대가 되는 가설들(무의식, 억압, 등)은 정신분석이 자의식을 작은 섬들이 모인 군도처럼, 깊은 물길에 휩쓸리는 거품처럼 묘사하도록 이끌었다. 정신분석학은 자아의 반영들이자 타인들의 요구를 수탁한 얼굴들이 정신구조 속에서 왈츠를 추게 했다. 거기서 나는 수치심의 다양한 유형을 낳는 세 가지 자아 형태를 구분한다. "초자아", "이상적 자아", "자아 이상"이 그것이다.

첫 질문은 이것이다. 우리는 스스로에 대해 얼마만큼 수치심을 느낄 수 있을까? 수치에 관해 가장 많이 얘기되는 경험은 타인의 타는 듯한 눈길, 타인의 멸시나 경멸이나 조롱으로 야기된 정신적 고통, 혹은 공허감, 사라지고 싶은 강렬한 욕망, 그저 존재한다는 데 대한 당혹감 등에 집중된다. 수치심은 언제나 타자의 출현, 타자의 개입이라는 사실에서 불쑥 튀어나오는 것처럼 보인다. 발가벗음, 때,

악덕은 오직 타인 앞에서 수치스럽다. 사르트르는 어느 유명한 책에서 우리가 대중 앞에서만 수치심을 느낄 줄 안다고 주장한다.[1]

그렇지만 타인이 떠도는 유령의 형태로 내 안에 자리 잡는다면, 많은 개인적 면모들이 결국 타자의 주름들, 대역들에 지나지 않는다면, 우리가 고독이라고 부르는 것은 대단히 상대적이다. 나는 결코 혼자가 아니며, 타자는 꼭 외부에 있는 것이 아니니 말이다. 누군가가 끔찍한 짓, 비열한 짓을 저지르고도 처벌받지 않고, 타락하고 비열하게 처신한다면 대개 사람들은 이렇게 말할 것이다. "대체 저 사람은 어떻게 수치심도 안 느끼고, 어떻게 자기 눈길을 견딜까?" 이 말은 자신의 의식을 마주한 수치심을 가리킨다. 그런데 이 의식은 나를 깨어 있는 존재로 만들어주는, 세상이나 자기 자신에 대한 현존도 아니고, 심리학자들이 종합능력으로 규정한 인지력도 아니다. 그것은 **도덕적 의식**이다. 내면의 눈과도 같은 무엇. 위고의 시에서 "카인을 응시하던"[2] 어찌할 길 없는 불굴의 눈이다.

압도하는 그 눈, 위에서 내려다보는 듯한 그 도덕적 내면성은 우리 안에 위엄 있는 타인이 새겨진 것처럼 비친다. 위고는 그것이 "신의 생각"이라고 썼다.[3] 이 눈은 하나의 안-밖이다. 칸트는 "내면의 법정"에 관한 텍스트에서 이 눈을 "나를 관찰하고, 나를 위협하고, 나를 제압하는" "판관"[4]과 동일시한다. 그는 이어서 쓴다. 그것은 기필코 나를 따라다니는 "그림자"이고, 울리지 않을 수 없는 "목소리"다. 그러나 나의 의식이 내 판관이 될 수 있으려면, 내가 그걸 두려워할 수 있으려면, 내가 내적 구분 행위로 나의 의식을 나와 완벽하게 일치하지 않는 것으로 표상하고, 나를 지배하는 외재성처럼 투사해야 한다. 그렇다, 나 자신 앞의 자아, 이 두 번째 자아는 타자다. 프로이트는 "초자아"의 개념을 벼려낸다. 그는 칸트식 추상 관념들(탁월한 판관 같은 의식, 내 안의 인성이라는 개념)을 보다 구체적인 얼굴로 대체하면서 이렇게 설명한다. 나의 도덕적 의식을 키우는 건 내적으로 투사된 부모의 검열, 거세 콤플렉스를 일으키는 엄격한 아버지의 내면화된 얼굴이다. 우리는 이 가족주의보다는 도덕적 의식 속에서 사회 규칙들의 수탁자를 볼 사회학주의를 선호할 수 있다. 구조는 동일하다. 의식은 언제나 자아의 부분으로, 자아 안에서 타자(신, 판관, 아버지, 사회 등)를 대리하는 부분으로 묘사된다. 그 타자는 분리된 별도의 심급으로 여겨지기에 그 앞에서 나는 온전히 수치심을 느낄 수 있다. 그러나 이때 수치심과 죄의식 사이의 경계는 한결 다공질로 변한다. 무엇보다 위에서 내려다보는 불가항력의 눈길에 노출된 고통과 두려움은 그대로 남는다. 도덕적 수치심이다.

프로이트의 두 번째 유령은 "이상적 자아"다. 그것은 다른 얼굴을 끌어들이는데, 자기애성 수치심이다. "이상적 자아"라는 말을 우리는 전능한 힘, 완벽한 제어의 환상으로 길러진 우리 자신의 일부분으로 이해해야 한다. 그것은 작은 전제적 자아로, 과장된 긍정 속에서 제 쾌락을 길어내고, 영향력의 가상적 투사에 흡족해하며, 어떤 한계도 견디지 못한다. 그럴 때 수치심은 추락처럼, 현실이라는 바위에 부딪혀 으스러지듯이 생겨난다. 그 순간, 거드름을 피우던 사람은 가면이 벗겨지고, 지나치게 자신만만하던 아이는 실패와 조롱을 만난다. 자신을 믿었다가, 전능함의 환상을 확증해주지 않는 현실이라는 벽에 부딪힌 이의 완전한 실패다. 자기애성 수치심이 이 패배와 자각의 순간을 뒤덮는다.

이 수치심은 많은 정신분석가들 사이에서 상장가가 높

다. 그것은 그들의 훈계조 방식이 된다. 불가능한 욕망을 거부하도록 부추기고, 혹독한 필요에 맞서는 걸 성공한 치료의 기호로 삼는 방식이다. 수치심은 이로운 이행의 표식이 된다. 정신병에서 신경증으로, 유쾌한 상상계에서 고된 상징계로의 이행 말이다. 그것은 기괴한 욕망, 유한성에 대한 책임을 지는 수용, 실망에 대한 교육법의 감정적 징후다.

나는 이걸 지적하면서 자기애성 수치심을 결코 과소평가하고 싶지 않지만, 그러나 이 모델을 스스로에게 허용함으로써 "수치를 안기는" 태도는 고발하고 싶다. 정신분석가가 실현 불가능한 욕망들의 세속적 설교자가 되어, 현실원칙의 명실상부한 대리인으로 나설 때 말이다. 사실, 겸손을 촉구하는 이 같은 환기는 우리의 실존을 간간이 수놓는다. 그것은 인내를, 엄격함을 강요해 고통을 안긴다. 우리는 그것들을 견딜 공포에 초점이 맞춰진 그런 상처를 회피하도록 처방된 행동들을 심지어 병적이라 간주할 수 있다. 수치 공포증의 주된 기호들로는 분노와 자기애성 도착倒錯을 들 수 있다. 자기애성 도착자[5]는 바로 타인을(파트너, 친구, 연인) 수치심 속에 가두는 데 집착하는 자들로, 그

거듭된 환기를 통해 자신 안에서 타인의 모든 부화를 가로막으려는 것이다. 수치스러워하고, 자신의 무가치함을 자각해야 할 사람은 배우자요 여자친구다. 자기애성 분노[6]는 자기 에고에 대한 모든 문제제기 앞에서 보이는 일정한 형태의 성난 부정으로, 평가절하 상황을 마주하고 보이는 성난 반응으로 묘사될 수 있다. 우리가 극도로 부당하다고 고발하며 세상에 쏟아내는 고함과 욕설이 동반된 통제 불가능한 분노 폭발로…. 우리는 우리 자신의 실패에서 배우기보다는 자신을 엄청난 희생자로 여기고, 태풍 같은 분노에 휩싸이며 자기애성 작은 상처들의 흔적을 폐기한다.

여기서 혹자는 자기애성 수치심 속에서는 타인의 내적 유령을 보기가 아주 힘들어 보인다고 반박할지도 모른다. 이 수치심은 오히려 타인들을 희생하고 나를 지나치게 긍정하는 것이기 때문이다. 그럼에도 프로이트는 그것에 은유적 표현을 부여해 "아기 폐하"[7]라 지칭하며 하나의 경향을 그린다. 물론 이렇게 말할 수도 있을 것이다. 젖먹이는 쾌락의 원칙과 온전히 하나가 된다고. 원초적 나르시시즘의 나이라고. 그러나 프로이트는 "폐하"라는 표현을 쓰면서 다른 것을 가리킨다. 광적인 자기애는 부모의 사랑으로, 어머니의 헌신으로, 아버지의 열렬한 사랑으로 빚어지고 길러져서 자아는 온갖 동일시의 용광로에 불과하다는 것이다. 게다가 우리는 자기애가 강한 개인에게 얼마나 관객이 필요한지 잘 안다. 자기숭배는 한 떼의 넋 잃은 증인들을 먹고 자란다.

마지막으로, "사회-이상적"이라 부를 세 번째 형태의 수치심을 환기해보려 한다. 이 형용사는 프로이트의 개념 "자아 이상"*에 해당한다. 이것은 내가 타인들의 눈에 보이고 싶거나 그들의 담론 속에 울리게 하고 싶은 모습의 자아로 이해해야 한다. 내가 부합하려고 애쓰는 사회적 모델들, 참으로 높은 곳에 자리해 내가 큰 괴리를 느낄 수 있는, 존경받고 본보기가 되는 얼굴들로 이해해야 한다. 나는 수상쩍은 나르시시즘의 대향연 속에서 이 영광의 얼굴들과 나를 **동일시하지** 않는다. 그 얼굴들은 내 주변을 떠돌며 나의 혐오를 키운다. 나는 이건 "충분치 않다고" 느끼고, 저건 "지나치다"고, "훌륭하지 못하다"고 느낀다. 나는 항상 부끄럽지만 그 부끄러움을 낳는 건 현실의 단발성 외적 상

---

* 프로이트가 구분한 세 형태의 자아(이상적 자아, 자아 이상, 초자아) 중 하나.

처가 아니다. 그보다는 언제나 불리한 비교를 통해 내가 스스로에게 수치심을 안긴다. 나는 모호한 독백 내내 나 자신에게 실망한다. 그렇다면, 수치심은 나를 나아가게 해주는 이로운 겸양일까, 아니면 서서히 자신감을 부식시키는 신랄한 겸양일까? 깐깐한 모델들 아래 세우는 자신의 조각일까, 아니면 끝없이 이어지지만 지레 실패하는 인정 추구일까?

1960년대 미국을 발칵 뒤집어놓은 베티 프리단의 책은 인간을 소외시키는 이상들을 토대로 작동하는 자기비하 메커니즘에 대한 고발에 기반을 두고 있다. 저자는 설명한다. 아메리칸 웨이 오브 라이프american way of life로 잔뜩 떠벌려진 경이, 소비와 안락 사회, 결혼한 여성에게 전자기기들이 안겨준다고 여겨지는 자유, 새로운 소통방식들은 결혼한 여성이 이제 완전히 자식들에게, 자신의 몸과 미모에, 자기 남편(의 직업)에 몰두할 수 있게 해주었는데, 광고의 힘으로 널리 확산된, 행복과 가정의 화목에 대한 이 모든 달콤한 상투성들은 여성들에게 수치심을 안기는 중대하고 묵직한 효과를 냈다. 그것들이 대거 억압적인 이상으로 작동했기 때문이다. 여자들은 모두를 보살피며 정원 있는 별채에 머무는 것이 자신들을 행복하게 만들지 못한다고 생각하고, 집안을 이상적으로 가꾸고, 아이들을 가르치고, 남편에게는 사랑을, 모두에게는 먹을 것을 챙겨주는 데서 그다지 기쁨을 느끼지 못하는 자신들을 나쁜 어머니, 나쁜 아내, 실패한 여자들로 생각할 수밖에 없었다. 행복이(아니 그보다는 행복의 이미지가) 이상으로 작동하는 순간, 사람의 사기는 꺾인다. 행복의 이미지는 자신에 대한 불만족으로 우울한 여성에게, 욕구불만에 차서 행복을 낳고 구현한다고 간주되지만 사실은 실망을 안길 뿐인 것들을 좇는 여성에게 수치심을 안긴다.[8]

여기에서도 자아 이상은 언제나 타인들의 이상이다. 나는 지인들의 마음에 들기 위해 혹은 대중 산업으로 지탱되는 사회적 획일주의를 따르기 위해 그들의 야심을 구현하고 싶어 한다. 결국, 부모의 투사나 상투화된 욕망을 따르는 것이다. 여기서든 저기서든 나의 수치는 내 요구의 수준에 미치지 못하는 것이라기보다는 타인들의 기대를 저버리는 것에서 온다. 성공으로 부모의 열망을 채워주는 딸이 아니라는 수치, 모두가 좋아하는 쿨한 호감형 친구가 못 된다는 수치. 자기 계층의 기대에 어긋나는 월급과 학위도 명예를 더럽힌다. 사회적으로 썩 높게 평가받지 못하는 직업으로 친구들이나 자식들을 "안심"시키지 못할까 겁낸다.

개념을 마지막으로 다시 조여보자. 먼저, 이런 뜻이다. 당신들이 자아 이상이라고 부르는 것은 사실은 타인들의 이상이다. 다만 "나의 부모나 친구들이 내가 되었으면 하는 이상"은 무엇보다 "그들이 내가 되길 바란다고 내가 상상하는 이상"이다. 그것은 외부 이상들의 자동적인 내적 투사와는 거리가 멀다. 수치심 속에 표현되는 발가벗고 절망한 욕망, 그저 사랑받으려는 욕망이다.

이 세 수치심은 언제나 열등감의 경험이다. 전제적 도덕, 냉혹한 현실, 압제적인 이상 앞에서 느끼는 평가절하의 경험이다. 좋은 인상을 주려고, 유령들을 추종하느라, 타인들의 욕망이라고 믿는 것에 부합하려고 노심초사하며 보낸 세월을 생각하면…. 이 세 가지 수치심을 온 힘을 다해 쫓아내려고, 혼신을 다해 그것들을 몰아내느라 쏟은 시간이 얼마나 많은가! 자기 자신을 감쪽같이 속여서라도 지켜야 할 절대명령은 세상을 속이는 것이다.

로망 사건은 수치공포증[9]의 비극으로 읽힐 수 있다. 사건을 되짚어보자. 장클로드 로망은 1993년 1월 9일 토요일 아침, 아내와 두 아이를 살해한다. 그러곤 자동차를 타고 무심히 집으로 가서 부모와 개를 죽인다. 그날 저녁 그는 퐁텐블로로 가서 자기 애인까지 죽이려고 시도한다. 그러곤 일요일 한나절을 자기 집에서 시신 세 구와 함께 지낸다. 이른 아침 그는 유통기한 지난 바르비투르산을 마시고 자기 집에 불을 지르면서 창문은 활짝 열어둔다. 신고를 받은 소방관들이 재빨리 달려와 그를 불길에서 구해낸다. 얼마간 혼수상태에 빠졌던 그가 깨어나자마자 예심이 시작된다. 그리고 질문이 쏟아진다.

　　판사들과 정신과 의사들은 생각하기 힘든 그 사건을 끈기 있게 재구성한다. 장클로드 로망은 다섯 건의 범죄만 저지른 게 아니다. 거짓과 기만투성이의 삶이 마침내 드러난다. 그는 20년 동안 모두에게 거짓말을 했다. 부모, 가족, 친구들, 이웃들에게까지. 주변 사람 모두를 속이고 이용했는데, 그 비밀을 아는 사람은 아무도 없었다. 그는 세계보건기구 소속 연구자이자 의사라고 말해 왔고, 매일 아침

양복을 차려입고 아내와 자식들에게 인사하고는 고속도로 휴게소에 차를 세우고 온종일 차 속에 틀어박혀 의학잡지들을 읽었다. 아니면 주변 숲을 조금 걷기도 했다. 결단코 누구도 아무 의심을 품지 않았다.

1975년 9월, 그는 의과 2년을 무사히 통과한 걸 가족들과 축하했다. 사람들은 그에게 축하인사를 건넸고, 그는 겸허히 미소 지었다. 하지만 사실 그는 시험을 치르지 않았다. 이듬해, 학생증을 갖기 위해 그는 의대 2년에 재등록했고, 대학에 다니며 도서관을 드나들었다. 그는 새 수업들에 대해 얘기하고, 이어지는 시험마다 "성공"을 축하한다.

날조된 삶이 이어지면서 이젠 속임수를 털어놓는 게 불가능해졌다. 거짓말의 악순환이었다. 장클로드 로망은 어느 순간 문턱을 넘어버려, "제가 해냈어요!"라며 부모에게 알리면서 써온 가면을 벗는 것이 불가능해졌다. 그 가면이 그의 얼굴이 되었기 때문이다. 수치공포증의 비극이다. 20년 동안 세상을 속이고 자신이 주장해온 직위에 부합하는 삶의 수준을 가족에게 마련해주기 위해 그는 부모와 장인 장모와 지인들에게 돈을 강탈하다시피 했는데, 그들이 모아둔 돈을 그에게 맡기고, 인내심을 갖고 비밀만 지켜준

다면 엄청난 수익을 보장하고, 꼬박꼬박 돈을 주겠다고 약
속했다. 그들은 모두 그러겠다고 대답했다. 제네바에서 일
하는 세계보건기구 소속 의사라면 분명히 좋은 투자처를
알 거라고 생각했던 것이다.

　사기 범죄자에게 파견된 정신과 전문의들은 "심각한 자
기애성 인격장애"라고 진단하고, "이상적 자아"라는 카드
를 내놓았다. 그들이 작성한 보고서는 로망이 의예과 준비
반에서 겪은 트라우마에 주목했다. 1971년 가을 개학 때
장클로드 로망은 가족의 울타리에서 막 빠져나와(오점 없
이 학업을 마무리 짓고) 리옹의 명망 높은 파르크 고등학교
에 입학했다. 그는 굴욕적인 신입생 환영회를 겪고, 명석
한 사람들을 만난다("나는 지성의 사원에 들어섰다"). 숲 관리
인의 자식인 그가 의사, 변호사, 대학교수의 아들들을 만
나는 것이다. 그런데 그는 그걸 견디지 못한다. 만성절에
그는 병이 나서 모든 걸 포기한다. 몇 년 뒤, 의대 2년을 마
무리 지을 6월 시험 때 그는 일어나야 할 시간을 망각한다.
9월 학기에는 시험 직전에 잘못 넘어져 시험장에 가지 못
할 처지가 되었는데, 그의 부모는 펄쩍 뛰며 그를 직접 데
려다주겠다고 나선다. 그는 시험장 문을 들어서지 않았지

만, 저녁에는 모든 일이 잘 풀렸다고 말한다.

이 사건에서 영감을 받은 에마뉘엘 카레르의 소설 《적L'adversaire》은 오히려 "자아 이상"이라는 카드를 내놓는다. 장클로드는 거짓말과 맞바꾸어 사회적으로 인정받는 직업을 끌어안느라 자신의 정체성을 잃을 지경에 이르렀다. "사회적 얼굴 너머의 그는 아무 존재도 아니었다."[10] "의사 로망의 껍질을 벗어나는 건 발가벗는 정도를 넘어 살갗이 벗겨진 상태가 된다는 의미였다." 수치심 가운데 살아가는 건 무엇보다 그것을 겪어야만 한다는 두려움 속에서 사는 일이다.

장클로드 로망은, 감옥에서 신앙을 찾고 2019년 6월에 출감한 뒤 어느 수도원에 은둔했다. 그는 자신의 수치심을 신의 영원한 눈길 아래 둠으로써, 그것을 초자아 아래 둠으로써 유령의 삼위일체를 완성한다.

———

내 안에 자리한 타자들의 이 세 유령(초자아, 이상적 자아, 자아 이상)은 서로 침투 불가능한 분리된 극단極端들이 아니다. 후자 두 가지는 프로이트조차 한 번도 명료하게 구분한 적 없었는데, "서로 너무 사랑한다(혹은 사랑하지 않는다)"와 "너무 사랑받는다(혹은 사랑받지 못한다)"가 서로를 부르고 서로를 지지한다는 걸 그는 너무도 잘 알았던 것이다. 한편 전제적 "초자아"는 엄격한 요구들을 늘려 자아 이상의 유희를 지지하고, 피학 취향의 쾌락에 초대함으로써 이상적 자아의 자기만족에 양분을 댄다. 각 심급은 상대의 공모를 구한다.

그렇지만 우리는 현시대가 세 수치심(도덕적, 자기애적, 사회-이상적)의 체계적 중첩을 조직하지는 않는지, 그것들을 단순히 변증법적으로 발전시키기보다는 현기증 나는 나선형으로 융합하지 않는지 생각해보아야 한다. 규율의 시대(신경증적이고, 규격화되고, 죄의식을 안기는 사회들의 시대)는 이 심급 각각을 통제하는 하나의 극점과 결부시켜(법은 초자아를 구조화했고, 표준은 자아 이상을 키웠으며, 죄는 이상적 자아를 내포했다), 셋은 서로 떼어놓을 수 없지만 별개인 삼각형의 각 꼭지점을 이루었다. 몇십 년 전부터 모든 분야에서(개인적, 직업적, 가족적 등) "성과"라는 이상의 자리가 어떤 역학을 작동시켰고, 그 역학이 그것들을 광적인 소용돌이 속으로 끌어들였다. 환희를 느끼며 자신을 실현하는 높이 평가

받는 직업들에 대한 인정을 통해 자아(이상적 자아)를 향유하라는 전제적 명령(초자아) 속으로 말이다. 우리가 "신자유주의"라고 부르는 것은, 그 윤리적 측면에서, 이런 소용돌이의 구축이다. **당신의 멋진-일자리에서 활짝 피어나시라, 이것은 명령이다!** 그러지 못한다면 수치다.

—

카프카의 《소송》의 마지막 장은 다른 모든 장보다 먼저, 1914년에 쓰였다. 나는 그 마지막 문장을 읽는다. 프리모 레비가 우격다짐으로 강요한 문장이다.[11] 그는 생각한다. "개 같군." 그가 죽고 나도 수치는 살아남을 것 같다.

나는 왜 그렇게 많은 비평이 《소송》을 죄의식에 대한 위대한 소설로 만들었을까 자문한다. 그 소설을 읽을 때 받는 낯섦의 인상은 바로 그 이야기에서 귀신처럼 떠도는 죄의식의 얼굴들(있을 법하지 않은 판사, 희귀한 법정, 이상한 법원 관리)을 만날 수 있다는 데서 오며, 그 가운데 요제프 K라는 인물은 죄라는 옷을 결코 걸치지 않는다. K는 죄의식을 느끼지 않는다. 그저 사건에 당황하고, 놀라고, 성가셔하고, 이 모든 것이 벌어지고 끝나는 방식에 염려할 뿐이다.

책의 말미에서 두 형리가 그의 집에 와서 그를 체포할 때 그는 아무 저항도 하지 않는다. 그것은 무의식적인 죄의식에 부응하는 게 아니라 불신과 패배주의와 난동에 대한 두려움이 뒤섞인 감정 때문이다. 집행자들은 그를 죽일 만한 공터를 찾고, 마침내 적절한 장소를 발견한다. 그러자 K는 그들이 곧 그에게 할 일을 하겠구나 하고 느낀다. 그 순간 그는 조금 멀리, 채석장 옆 어느 집 꼭대기 층 창가에서 웬 사람이 내려다보며 신호를 하는 걸 본다. 그러자 그의 형리들이 그의 심장에 칼을 꽂더니 "두 번 돌린다".

"개 같군." 그는 생각한다. 그가 죽고 나도 수치는 살아남을 것 같다.

"개 같다." 제대로 죽는 것도 불가능하다. 길거리에서 상스러운 동물처럼 피를 흘리고 죽는다. 그리고 저기서 상대가 나를 바라본다. 조금 전에 아직 시간이 있을 때 내가 칼을 쥐고 영웅적으로 내 배에 꽂았어야 했을까. 그러나 이제는 너무 늦었다. 그랬더라면 어쨌든 훨씬 받아들일 만했을 텐데. 아니다. 꼴사나운 죽음에서 벗어날 길은 없다. 동시에 이 모든 건 시작부터 잘못되었다. 저들이 내게 보낸 죽음의 배석관들은 어처구니없을 정도로 서툴렀다.

마치 자살한 사람이 완전히 몰락하기 전에 셔츠 위의 기름 얼룩을 뒤늦게 발견하는 꼴이다. 총살당한 사람이 총이 탕 소리를 내기 직전에 두 손이 묶인 채 제 신발끈이 풀린 걸 보는 것 같다. "오, 아무리 그래도 이건 아니지."

이 선율, 이 작은 곡이 우리의 삶을 결국 채울 것이다. 마지막까지. 죄와 죄의식을 연주하는 웅장한 파이프오르간 소리가 아니라 수치심을 노래하는 쩍쩍 소리다. 카프카의 잔인한 아이러니다. K가 지상에서 보낸 삶의 마지막 순간은 깊은 성찰의 순간이, 번득이는 영감의 순간이 못 된다. 그저 이 의식의 작은 오점에 몰두한 순간이다. 나의 죽음이 품위 없다는 것에. 게다가 프리모 레비가 썼듯이, 최악의 사실은 "우리는 모두 죽을 텐데, 어느 정도는 그런 식으로 죽는다"[12]는 것이다.

지상에서 우리가 보낼 마지막 순간은 이런 생각을 하는 데 할애될 것이다. "나는 괜찮은 수준의 사람이었는가? 나는 충분히 호인이었고, 사랑스러웠던가?" 등.

나의 최종 목표가 무엇인지 알기 위해 내 속을 탐색해보면
나는 정말이지 선량한 사람이 되어 최고 법정의 요구들에

나를 맞추려 갈망하지 않고, 오히려 인간과 짐승의 공동체를 바라보고 그들의 근본적인 기호와 갈망과 도덕적 이상을 이해하고, 그들을 몇 가지 단순한 계율로 되돌려놓고, 그 방향으로, 온 세상에 절대적으로 쾌적하겠다는 유일한 목표로 나아가기를 가능한 한 빨리 시작하려 한다는 걸 확인하게 된다.[13]

마지막으로 이 문장을 다시 한번 써본다. "죽고 나도 수치는 살아남을 것 같다." 카프카는 "것 같다"고 썼다. 그는 너무도 잘 알기 때문이다. 사실 온 세상이 그런 것 따위는 아랑곳하지 않아서 수치는 절대 살아남지 않는다는 걸. 온 실존은 마지막 순간까지 웃음거리가 될까 봐 두려워 사람들의 호의를 사려는 가련한 전략들을 갈망한다. 정작 그 사람들은 "어떻게 비칠까" 하는 자신들의 망상에 사로잡혀 그런 것에 아무 관심이 없는데.

우리는 어떻게 살고, 사랑하고, 죽고, 말할까를 자문하느라 삶을 보낸다. 그리고 수준을 지키느라 전전긍긍한다. 누구의 수준, 무엇의 수준인가? 그건 누구도 알지 못한다.

우울

지금까지 우리는 수치심에서 비롯된 두 가지 태도를 언급했다. 바로 (수직적인) 멸시와 (고결한) 분노다. 그리고 세 번째 태도가 있다. 극복할 수 없는 혐오다. 비참하고, 비열하고, 불결해지거나 그렇다고 느끼는 것, 그것이 수치심이다. 사회적, 정신적, 신체적 차별.《목로주점》¹의 마지막 장면이 지닌 힘은 졸라가 제르베즈의 마지막 쇠락을 그릴 때 세 가지 언어적 특색을 중첩한 데 있다. 제르베즈는 더없이 비참하고 더럽고 뚱뚱해진 모습으로 거리에서 제 "매력"을 팔려고 가련하게 애쓰며 가로등 불빛에 비친 자신의 흉측하고 거대한 그림자를 보고는 수치심에 사로잡힌다.

더러운 것, 추잡한 것과 관계된 수치심은 오이디푸스 콤플렉스 형성 이전 단계들을 연구하는 정신분석학자들을 사로잡았다. 그들은 괄약근 학습의 모든 모호성을 거기서 발견했다. 처음의 가치(브라보!)는 곧 혐오로 인한 평가절하(우웩!)로 반박된다. 프로이트는 배변 의식儀式에 관한 해박한 저서에 서문을 쓰면서 한층 더 멀리 나아간다. 남자와 여자는 자신들의 배설물에 대한 수치심을 통해 이 "땅의 잔해"에 대해 느끼는 모든 당혹감을 표현한다.[2] 우리의 (욕구와 배설물, 중량과 부피를 지닌) 몸은 버릴 수 없는 우리의 일부이기에, 더러운 것에 대한 수치심 뒤로, 끈끈하게 들러붙는 지상 조건의 낙인인 몸 자체에 대한 수치심을 되찾아야 할 것이다. 우리는 순수한 정신이 아니며, 순수성에 대한 우리의 이상들과 투명한 가벼움에 대한 우리의 몽상은 몸의 무게에 부딪힌다는 쓰라린 사실을 환기해야 할 것이다. 그것은 루트비히 빈스방거가 내놓는 묘사 속에서 엘렌 웨스트가 느끼는 실존적이고 급진적인 수치심이다.[3] 막스 셸러는 동일한 영감을 받고 수줍음에 대해 그것이 "몸에 대해 얼굴을 붉히는 정신"이라고 쓴다. 확실히 몸은 영혼에 수치심을 안긴다.[4]

여전히 이 관점에서 우리는 월경을 불순한 오점과 동일시하는 무거운 문화적 클리셰를 환기할 수 있을 것이다. 월경은 숨겨야 하는 것, 말하지 말아야 할 무엇이다.[5] 얼마

전까지도 여성들은 불안한 충격 속에서 첫 월경을 겪을 때야 월경의 존재를 알게 되었다. 그때가 되어서야 어머니들은 은밀히 그 의미를 알려주었다. 마치 자신을 "진정한" 여성으로 발견하는 일이 반드시 수치심 속에서 이루어져야 한다는 듯이, 자신을 수태 가능한 성적인 존재로 긍정하는 일이 시작부터 금기의 형태로 이루어져야만 한다는 듯이. 역사적이고 우연하며 교정 가능하다고(그러나 되풀이되며) 얘기될 사회적 평가절하 너머에서도 여성이라는 수치심은 문화와 사고방식 곳곳에서 이어지고 있다. 이 점에 관해 정신분석학은 석연찮은 프로이트의 정통성 속에 여성의 욕망을 구조화된 것으로, 페니스에 대한 부러움 섞인 결핍에 사로잡힌 것으로 고집스레 묘사해 사태는 나아지지 못했다. 여성들은 결핍으로 규정되어야 마땅하다는 듯이 여겨졌다. 정신분석학은 여성의 성을 결핍, 결손, 부재 같은 용어로 체계화함으로써 여전히 은밀하되 실재적으로, 짊어져야 할 수치심 쪽으로 강제수용했다.

———

수치심의 이 세 가지 큰 영역(사회적 가난, 정신적 치욕, 육체적 불결)은 내게 화상 같은 상처를 입히고, 굴욕으로 나를 얼어붙게 만든다. 더 정확히 말하자면, 상대가 갑자기 나를 쳐다보고 분류하고 판단할 때, 나는 "선량하고" "정상적이며" "존경받을 만하고" "사랑받을 만한" 사람들(심지어 때로는 그저 "인간들")의 집단에서 유배되고 배척되고 거부당한 느낌이 든다. 그러면 갈피를 잃는다. 나는 사회관계의 예절(조금은 기계적인 예의, 혹은 심지어 무덤덤한 무심함)이 어쨌든 내가 의식조차 하지 못한 단단한 발판을 내게 제공해주고 있었음을 발견하고 질겁한다. 그 덕에 나는 다리를 땅에 붙이고 있을 수 있었다. 수치를 겪는다는 건 땅이 꺼지는 듯한 추락의 경험이다. 소심한 이는 당황해서 두 팔로 몸을 감싼 채 웅크리고 고개를 숙인다. 땅이 꺼진다는 느낌 때문에 넘어지지 않으려고 스스로 제동을 거는 것이다. 그는 무리에 달라붙어 있었고, 스스로 사회라는 나무의 한 가지라고 생각했다. 그런데 갑자기 매달릴 데가 없어진 것이다. 반면에 이렇게 말할 수도 있을 것이다. 신체적 혐오, 사회적 멸시, 정신적 분노는 스스로 "다수"라고 여기는 무리를 하나로 끌어모으는 다양한 방식이라고.

사회를 이루는 것이 무엇인지, 우리가 어떻게 "다수"(개인들의 무질서한 병렬)에서 하나의 "민중"으로, 분산된 개인들에서 단단히 결속된 공동체로 건너가는지 알고자 제기한 물음에 정치적 사상가들은 적절한 대답 하나를 내놓았다. 그들은 "사회계약", "기본 협약"을 얘기하고, 합리적 존재들의 모임이 지지하는 만장일치의 한 행위를 생각을 통해 재건한다. 그 행위를 통해 모두가, 그리고 각자가 자신들의 행위능력을 한계 짓고, 공통 규칙의 제정을 하나의 권력기관에 맡기는 데 동의한다. 사회문제의 합리적 계보다. 그러나 우리는 오직 열정만이 사람들을 끌어모으고, 이성은 사람들을 분열시킨다는 사실을 잘 알고 있다. 이 합리적 협약의 신화는 여러 책과 논증에서 그 영향력을 담보하지만, 사상가를 그의 사상과 결코 화해시키지는 못한다.

　그러나 공동체의 경계를 설정하고, 그것을 단일성에 가두는 건 열정들이다. 두려움, 증오, 광신적 숭배 등과 같은 열정. 각 열정은 특정한 양의 외재성을 드러낸다. **바깥**(적대적인 열정들), **초월성**(우상숭배 같은 열정들), **가장자리**(굴욕적인 열정들).

적대적인 공동체들은 규정하기가 쉽다. 하나의 집단을 결속시키는 데 증오와 두려움 만한 게 없다는 사실을 쉽게 확인할 수 있다. 증오할 적을, 두려워할 이방인을 제공함으로써 하나의 민중을, 하나의 집단을 결속시킬 수 있다. 적은 내적 분열들, 오래된 원한들을 잊게 해준다. 이방인은 "우리"의 정체성을 모든 변질로부터 지켜내야 할 무엇으로 떠오르게 한다. 온갖 욕구불만, 신랄한 질투, 공동의 삶을 지옥으로 만드는 모든 역한 감정들은 우리가 서로 "돕도록" 부추기는 위협적인 바깥을 투사하자마자 마법처럼 넘어서게 된다. 희생양의 논리다.

우상을 숭배하는 공동체들은 금빛의 초월성 속에 어떤 우월적 존재를 투사함으로써 시기심 어린 경쟁을, 고착된 경쟁을 뛰어넘게 해준다. 형제와 자매들 사이에 끈질기게 맴도는 문제는 내가 다른 사람보다 더 사랑받는지를 알려는 것이다. 실존의 독이요, 원한의 전형이다. 반대로 사랑받는 존재(그는 너무 멀고 우월한 존재여서 아무도 더 좋아하지 못한다)는 공동체에 숭배의 평등을 이룩한다. 라 보에시La Boétie는 이미 예고했다. 정치 사회들의 비밀은 바로 이 마법 속에 있다고. 모두가 "하나라는 이름에 매혹되고 매료된 듯이"[6]. 맹목적으로 숭배되는 유일성은 차이들을 잊게 하고, 공통된 신앙심 안에 결집한다.

마지막으로 수치심의 공동체들이 존재한다. 여기서 집단은 악덕을 표현한다고 추정되는 한 존재의 겁먹은 지목으로 형성된다. 바깥과 초월성 다음에 가장자리가 있다. 나는 《주홍 글자》(1850) 첫 장의 이미지를 기억한다. 간통으로 세간의 지탄을 받는 헤스터 프린은 아이 아버지의 이름을 폭로하길 거부하고, 어린 딸을 품에 안고 원피스 가슴 쪽에 피의 낙인처럼 빨간색으로 A자를 꿰매 달고 다닌다. 헤스터는 보스턴 감옥 문 앞에서 공개적 치욕을 당한다. 그녀를 둘러싼 온 공동체가 혐오로 몸을 떤다. 나는 1945년 해방 때 머리가 빡빡 깎인 여자들의 사진도 다시 떠올린다. 낄낄거리는 얼굴들, 험상궂은 눈길들. 그리고 빡빡머리가 된 여자들의 불안하고 멍한 닫힌 눈길, 군중의 조롱 섞인 외침에 젖먹이를 꼭 끌어안던 르아브르의 머리 깎인 여자.[7] 나는 운동장에서 놀림당하는 아이를 생각한다. 방울처럼 터져 나오는 웃음, 잔인한 발 구르기, 손가락질당하는 여자아이, 괴롭힘당하는 남자아이의 눈에서 이내 흘러내리는 눈물. 그리고 좋은 편에 속해서 무사하다고 느끼는 다른 모든 아이들에게서 드러나는 잔인한 기쁨. 내가 놀림당하는 아이를 얼마나 닮았는지 너무도 잘 알기에 그 아이의 자리에 서 있지 않다는 데서 느껴지는 은밀한 안도감. 나는 수모당하는 여자아이의 곤경이 내 안에 불러일으키는 것을 질식시키기 위해 무리와 한패가 되어 조롱 어린 고함을 내지른다.

비하되고 차별당하는 극심한 고통 한가운데 버림받았다는 감정이, 비겁했다는 참담한 느낌이 들어서고, 그것이 불안의 무게를 더한다. 헝가리 정신분석학자 임레 헤르만은 광적인 아이디어를 떠올리고는 자신의 여러 책에서 학문적으로 정립하려 시도했다.[8] 그 생각이 어떻게 그에게 떠올랐을까? 어쩌면 젖먹이들의 첫 몸짓들(내밀고 움켜쥐는 작은 손들)을 관찰하다가 떠올랐을까. 아니면 새끼를 배나 등에 매달고 조용히 이동하는 젊은 어미 원숭이를 보여주는 판화를 보다가 그랬을까. 털이 많으면 유대관계도 깊다. 헤르만은 **매달리는 원초적 본능**을 "애착 욕구"의 구체적 지시대상 같은 것으로 가정했다. 그것을 존 볼비[9]가 훗날 이론으로 정립할 것이다. 헤르만은 단단히 매달릴 의욕을 꺾어놓는, 털의 결핍이 우리 종에 모든 불행(불안, 죄의식, 수치)의 모태가 되는 음험하고 지속적인 불안을 초래했다고 상상했다. 수치심의 번민은 버림받았다는 감정, 무리로부터 허공에 버려졌다는 슬픔, 모든 것에서 떨어져 나오고, 끈이 끊기고, 닻이 풀렸다는 감정에서 온다.

———

모파상의 《비곗덩어리Boule de Suif》. 점령당한 루앙에서 피신하려는 마차 여행. 거기엔 세 부부(천박한 벼락부자, 기회주의자 부르주아, 거만한 귀족)와 수녀 두 명, 민주주의자라는 한 남자와 통통한 매춘부(비곗덩어리)가 탔다. 비곗덩어리는 좁은 마차의 공간을 매춘부와 공유해야 한다는 데 화가 난 "상류" 사회로부터 냉대받는다. 오직 민주주의자 코르뉘데만이 그 상황을 재밌어한다. 장면은 프로이센군 앞에서 프랑스 군대가 한창 패주하는 동안(1870년) 벌어진다. 이 패주는 온 국민에게 엄청난 국가적 수치를 의미했다. 폭설로 마차가 지체된다. 마차는 느릿느릿 나아가고, 시간이 흐르는데 한참동안 식사할 생각을 떠올리기가 불가능해진다. 그런데 매력을 팔아 먹고사는 예쁜 갈색 머리 여자는 앞날을 내다볼 줄 알아서 주막에서 너무 돈을 많이 쓰지 않으려고 먹을 것을 바구니에 준비해왔다. 사람들의 위가 꼬르륵거리는 가운데 그녀는 탐스럽게 먹는다. 하지만 태생적으로 선량한 그녀는 함께 나눠 먹자고 제안한다. 그 모든 존경스러운 사람들의 위가 "도덕"을 이겨, 그들은 기꺼이, 게걸스럽게 그 제안을 받아들인다.

2막. 그들은 여인숙에 도착했다. 그곳은 프로이센 군대가 차지하고 있다. 모두가 잠자리에 들고, 밤새 기력을 회복하지만, 마차는 다시 출발하지 못한다. 독일군 장교가 마부에게 안장을 얹지 못하게 막았다. 장교는 강경한 애국자 비곗덩어리로부터 "사랑의 밤"을 거절당하고는 출발을 금지한 것이다. 그녀가 처음의 거부를 번복하고 그의 청을 받아들이지 않는 한 떠나지 못하도록…. 모든 남자와 여자가 그 파렴치한 요구와 기상천외한 협박에 마땅히 분개했다. 며칠이 지나고, 시간은 더 느리게 흘러간다. 권태가 찾아오고, 이어서 짜증이 찾아오더니, 그곳에 꼼짝없이 발이 묶인 데 대한 분노까지 치민다…. 그 호색한 프로이센 군인에 대한 분노일까? 아니다. 어울리지 않게 과민한 애국심을 보이는 창녀 때문이다. 그 일은 그 여자의 직업이 아닌가? 일행 한 사람씩 매달려 무엇이 집단에 득이 되는 일인지 그녀를 설득한다…. 수녀들은 한술 더 떠서 순교자의 위대함까지 거론하는데, 비곗덩어리에겐 순박한 신앙심이 있다. 그녀는 희생이 성스러운 일임을 깨닫고 마침내 뜻을 굽힌다.

3막. 다시 떠나기 위해 모두가 마차 주변에서 서두른다. 남녀 여행객 모두가 비곗덩어리를 피한다. 그녀와 눈길을 마주치지 않으려고 애쓴다. 그녀는 다시 배척당한다. 사람들이 거북해 보이는 건 무엇 때문일까? 그녀가 감내하길 받아들였기 때문일까? 아니면 저마다 제 방식으로 그녀가 뜻을 굽히도록 집요하게 설득했기 때문일까? 어쨌든 비곗덩어리는 어떤 감사의 말도 격려의 말도 받지 못한다. 몇 시간 여행이 이어지는 내내 사람들은 그녀에게 아무 말도 눈길도 건네지 않는다. 식사 시간이 된다. 비곗덩어리는 먹을 것을 챙길 겨를이 없었다. 고결한 수녀들과 존경받는 부부들은 요란하게 식사를 하면서 그들이 다시 떠날 수 있게 해준 여자에게는 관심을 기울이지 않는다. 비곗덩어리의 바구니는 그들의 양심만큼이나 텅 비었는데, 누구 한 사람 그녀에게 나눠 먹자고 제안하지 않는다. 코르뉘데는 《라 마르세예즈》를 휘파람으로 불고, 비곗덩어리는 턱

뼈들이 내는 요란한 소리 한가운데에서 조용히 흐느낀다.

플로베르는 이 이야기를 대단한 걸작으로 여겼다. 인상 깊은 건 비극적 구성만이 아니다. 모파상은 잔인한 통찰력을 보여준다. 과도한 분노 속에는 언제나 자신의 잔학함이 분노와 더불어 배출된다는 사실 말이다. 우리가 줄을 그어 말소하는 건 바로 자기 자신의 그늘이다. 사회적 품위, 비겁한 자들의 품위는 이런 대가로 얻어진다. 그것은 배척으로 구축된다. "부끄러운 줄 알라!" 사람들은 이런 말로 자기 안에 묻힌 것을 벗어버릴 수 있기라도 한 것처럼 말한다. 비곗덩어리의 눈물 속에는 원통함이, 자기 자신과 타인들에 대한 엄청난 분노가 깃든다. '너는 한낱 매춘부일 뿐이야, 네가 아무리 인심을 쓰고 헌신한들 달라질 건 아무것도 없어'라는 재지정 앞에서. 그것은 한순간 장벽이 무너질 수 있으리라 생각한 데 대한 분노이고, 그걸 믿었다는 수치심이며, 버려짐을 씁쓸하게 확인하고서 느끼는 분노다.

심리학자들은 젖먹이도 수치를 느낄지 그 가능성에 대해 의문을 품었다. 개연성 없는 의문이고, 대답도 불가능하다. 몇몇 학자들은 원칙적인 어려움들을 무시하고, 고개

숙임, 팔의 움직임, 공허한 눈길 같은 명백한 신호들을 관찰하고, 연구하고 추적했다. 그리고 결정적인 순간을 포착했다. 어머니가 예고 없이 갑자기 아기의 입에서 젖을 빼낼 때다.[10] 그러면 종종, 비명이나 성난 요구 대신 살짝 험상궂은 움츠림의 반응을, 슬픈 체념의 반응을 볼 수 있는데, 그 반응은, 어쩌면 착각인지 모르겠지만, 울적한 수치심의 모태라고, 아니면 적어도 그 상징이라고 말할 수 있을 것이다. 우리가 어쩌면 조금은 사랑받고, 존중받고, 높이 평가받을 수 있으리라고 상상했고, 그저 그렇게 믿었다는 데 대한 수치심. 더는 타인의 눈길로 지지받지 못하고 오히려 눈길의 무심한 외면을 받으며 버림받은 데 대한 수치심 말이다.

사랑받지 못한다는 고질적인 두려움은, 그 확신은 명치를 얼어붙은 호수처럼 만든다. 얼어붙었으나 때때로 쇠모루의 무게가 짓누른다. 그러나 어쩌겠나, 삶은 계속된다. 그래도 조금 수치스러운 건 사실이다.

사회적 사실: 근친상간, 강간
(외상성 수치심)

수치의 경험은 흔적을 남기기에 트라우마를 유발한다. 아니 에르노는 이렇게 쓴다. 기억은 "수치심의 특별한 재능"이다. "수치의 기억은 그 어떤 기억보다 치밀하고 까다롭다."[1] 모욕적인 장면들은 명확하게 떠오른다. 그 장면들은 우리 안에 자국을 남겨서, 그 윤곽도 분명하고, 형태도 선명하다. 그러나 거꾸로 트라우마 자체가 특유의 수치심을 유발하지는 않는지 자문해볼 수도 있을 것이다. 마치 트라우마는 어둡고 치명적인 확신으로 커가는 고통을 작동시키는 듯하다. 사건이 나를 지목해, 손가락으로 나를 가리킨다는 확신 말이다. 나는 **그 일이 내게 닥친 것**이 수치스럽다.

로베르 앙텔므는 연합군에 쫓기던 나치 친위대원들이 강제 수용소를 버리고 도주하면서 수감자를 무작위로 골라내 총살하고 나머지는 살려둔 일화를 전한다. 한 이탈리아인이 갑자기 지목된다. "너, 너, 이리 와." 젊은 남자는 두려움에 얼굴이 창백해지는 게 아니라 오히려 발갛게 상기된다. 죽이려고 손가락으로 지목해 무리에서 떨어져 나오게 하는데 뺨에 부끄러움의 홍조가 올라오는 반응을 상상할 수 있는가? 우리 안에 어떤 끈질긴 바탕이 매장되어 있기에 "거기 너!"라는 갑작스러운 지목에 죽음의 공포와 지목당한 자의 수치심이 올라오는 걸까?

"너, 이리 와!(Du, komme hier!)" 또 한 명의 이탈리아인이 행렬 밖으로 나온다. 볼로냐의 대학생이다. 나는 그를 안다. 그를 쳐다본다. 그의 얼굴은 발갛게 변했다. 나는 그를 유심히 바라본다. 아직도 그 발간 얼굴이 눈에 선하다. 그는 길가에 서 있다. 그도 제 손을 어찌할지 알지 못한다. 난감해하는 얼굴이다. [...] 그는 친위대원이 그에게 "너, 이리와, 이리 나와!"라고 했을 때 얼굴이 발개졌다. 그는 그런 반응을 보이기 전에 주변을 둘러보았을 게 틀림없다. 하지만 지목된 사람이 자신이라는 게 의심할 여지가 없게 되자 얼굴이 발개졌다. 아무나 죽일 사람을 찾던 나치 친위대원이 다름 아닌 그를 "찾아낸" 것이다.[2]

그가 나를 선택했고, 나를 "찾아냈"기에 내 안에 수치심의 주름을 그리는 이 사건이 바로 트라우마다.

장마르탱 샤르코는 19세기 말에 갑작스럽고 난폭한 사건(폭발, 쇼크, 탈선 등)들의 영역에서 실례들을 끌어와 트라우마의 첫 의학적 정의를 제시했다. 그런 사건들은 눈에 띄는 어떤 해부학적 상해도 입히지 않지만 충격받은 개인에게 장애가 되는 근육 위축, 마비, 무언증, 두통, 떨림 등의 끈질긴 징후들을 유발한다. 샤르코는 트라우마를 겪은 주체들에게서 신경성 취약성을 의미하는 "히스테리성" 바탕을 가정한다. 외상을 유발하는 차원은 촉발하는 사건의 객관적 중대성에 기인하기보다는, 말하자면 충격으로 드러나고 깨어나는, 주체의 선천적 취약성에 기인한다는 것이다. 이 진단은 전쟁으로 정신적 외상을 입은 자들에게 특히 수치의 덮개를 오랫동안 펼칠 하나의 문화적 주름을 그린다. 의사에 의해 신경 허약한 소녀의 반열로 깎아내려지는 성차별적 수치 말이다. 외상성 외상을 입는다는 건 신경이 튼튼하지 못하고, 체격이 허약함을 드러내는 일인 것이다. 첫 번째 세계대전 때 "전쟁의 신경쇠약 환자들"이 겪은 비극은 희생자들이 최선의 경우엔 허약한 기질과 신경성 취약성, 여성적 감수성을 지닌 사람들로, 최악의 경우엔 사기꾼, 편한 보직을 맡은 후방 병사들로 취급된 데서 온다. 어쨌든 그들은 "수치스런 군인들"[3]인 것이다.

20세기 후반에 일어난 트라우마의 의미 전환[4]은 역사적이자 개인적인 막대한 비극들 탓이다. 홀로코스트 생존자들, 베트남 퇴역군인들, 테러에서 살아남은 자들, 근친상간으로 출생한 아이들 등등의 비극. 특히 "외상후 스트레스"(DSM III)라는 범주를 통해 언제나 더 넓은 이해심을 갖고 그들을 고려한다면 샤르코가 세운, 명예를 실추시키는 부정적인 가정은 제거될 것이다. 규모로 보나 객관적인 고통을 볼 때 사건 자체는 분명히 트라우마를 낳지만, 공포에 충격받았다고 수치심을 느낄 건 없다. 하지만 성폭행의 경우(강간, 근친상간, 성폭력)에는 개별적이고 확고부동한 수치심의 핵심이 다시 부각된다.[5]

———

남다른 운명과 에너지로 강간과 근친상간의 역사를 뒤흔든 세 명의 여성부터 보자.

먼저 생물학 교수인 안느 통글레Anne Tonglet와 육아 전문가인 아라셀리 카스텔라노Araceli Castellano는 1974년 8월의 어느 날 밤 마르세유의 작은 만에서 캠핑을 하던 중 세 남자에게 몇 시간 동안 강간당했다. 한심하고 "너절한" 세 남자는 그들을 변호하기 위해 무지몽매한 바보라는 카드를 활용한 변호사들에게 고마워하게 될 것이다.[6] 이른 아침, 밤새 겁에 질린 채 성폭행을 당한 두 여자는 경찰서로 달려가 고소장을 접수했고, 의학적 소견을 받기 위해 병원으로 갔다. 세 남자는 즉각 체포되었다. 게다가 그들은 사실은 인정하지만, 여자들이 동의한 것이었다고 항변하며, 그 고소에 놀랐다고 주장한다. 고소인들을 만난 예심판사는 보고서에 두 여성의 동성애를 언급해 은근히 그들의 신망을 깎아내리려는 듯 보였고, 에두른 질문들로 그날 밤 여자들의 일부 태도가 혼동을 낳아 가해자들에게 그들이 동의한 것으로 믿게 했을 수도 있다고 "인정"하도록 음험하게 부추겼다. 처음에 여자들은 저항했다가 협박과 주먹질을 당한 뒤 자포자기하고 그저 그 시련이 어서 빨리 끝나기를 바란 것이 실제로 일어난 일이었다.

예심 이후, 강간은 "구타와 상해"라는 죄목으로 다시 규정되었다. 따라서 강간범들에게는 경범죄가 적용될 것이고, 그들의 범죄행위는 부도수표와 쓰레기통 방화 중간쯤으로 판결이 날 참이었다. 최악의 경우 기껏해야 짧은 집행유예 판결이 날 정도였다. 이때 두 여성이 우울증, 불면증, 온갖 수모의 시련을 겪으면서도(아라셀리는 낙태해야 했고, "자연에 반하는" 동성애 성향이 공공연히 드러난 안느는 교수 자격을 박탈당할 처지에 놓였다) 보여준 용기는 귀감이 된다. 이 모든 시간 동안 강간범들은 내내 평온하게 친구들과 웃으며 지냈다.

1970년대 초에는 강간을 당하고 고소만이라도 용기 내어 시도하는 여성이 드물었다. 애초의 트라우마에다 경찰서에 고소장을 접수하고 의심과 멸시, 야유와 상징적 파면과 다름없는 온갖 질문들이 쏟아지는 소송이 진행되는 동안 겪을 트라우마를 더해야 하리라는 걸 여성들은 너무도 잘 알았던 것이다. 그런데 그 시간에 **혼자** 거기서 뭘 하고 있었습니까? 옷은 어떻게 입었습니까? 조금은 동의한 것 아닙니까? 정말 저항한 게 맞습니까? 등등. 결국 그 행위에 대한 수치심을 짊어져야 하는 건 가해자들이 아니라 여자들이었다. 두 여자는 고소로 끝내지 않고 페미니스트 단체들과 어깨를 나란히 하고 그들의 소송을 중죄재판소로

이관하기 위해 투쟁했다. 그와 동시에 페미니스트 단체들은 강간에 대한 관용을 남성적 지배의 낙인으로 고발함으로써, 그것의 정신적 영향(망가진 삶, 끝없는 우울증, 만성적 수치심)을 부각함으로써 편견들을 뒤흔들고, 사고방식을 바꾸려고 애썼다.

이 사건의 판결을 맡은 마르세유의 경죄재판소는 여론의 압박에 밀려 결국 1975년 10월 15일 스스로 부적격하다고 선언했다. 따라서 사건은 중죄재판소로 넘어갔다. 바로 그때 이루어진 지젤 알리미*와의 만남은 결정적이었다. 두 여자의 용기에 깊은 인상을 받고 그들의 이야기에 감동한 지젤 알리미는 앞으로 있을 마르세유 강간자들의 소송을 본보기로 삼기로 마음먹었다. 보비니에서 낙태 합법화를 위해 그랬듯이 이 사건을 미디어로 전파해 정치인들, 지식인들, 학자들, 문화계 인사들을 끌어들이기로 작정한 것이다.

재판은 불꽃 튀는 분위기 속에서 진행되었다. 한쪽에서는 강간자들을 지지하러 온 "지역 사람들"이 협박과 욕설

* 프랑스의 인권 변호사이자 페미니즘 운동의 주역.

을 쏟아냈고, 다른 쪽에서는 페미니스트 활동가들이 요란하게 지지를 표현했으며, 문학계나 정치계의 유명인사들, 프랑수아즈 말레조리스*부터 아를레트 라기예르**까지 변호인 쪽 증인으로 출두하도록 소환되었다. 재판장은 강간 용의자들의 죄를 판단하는 법정이지, 이 범죄 자체를 비판하는 법정이 아님을 거듭 강조하며 두 여성에게 증언을 허락하지 않았다. 그렇지만 지젤 알리미와 아녜스 피쇼는 프랑스 사회가 제 모순과 사각지대, 위선을 직시하게 내몬다. 끝까지 불의와 거짓을 외치던 강간범들은 1978년 5월 3일 엄중한 판결을 받는다. 1980년 12월, 강간에 관한 새로운 법률이 가결된다. 이 법률은 강간에 대한 명확한 정의를 제시해7 훨씬 광범위하고 체계적인 범죄 회부를 허용했다. 안느 통글레는 이 사건이 있고 20년이 지나서 이렇게 선언한다. "1978년, 내 강간에 대한 소송이 처음으로 수치심의 진영을 바꿔놓았다."8

* 프랑수아즈 릴라르라는 필명으로 활동한 프랑스 작가.
** 프랑스의 '노동자투쟁' 소속 좌파 정치인.

6년 뒤, 세 번째 여성의 얼굴이 등장하는데, 시대의 등대 같은 방송 《도시에 드 레크랑Dossiers de l'écran》에 나온 에바 토마의 연약하면서도 단호한 얼굴이다. 그녀는 얼굴을 드러내고 열다섯 살에 겪은 근친상간 이야기를 쓴 자신의 책 《침묵의 강간》[9]을 소개한다. 그녀는 말을 시작하면서 이렇게 설명한다. "제가 말을 하는 건 수치심에서 빠져나오기 위해서입니다."

이 두 사건은 이미 오래되고 "케케묵은" 것이어서, 오늘날엔 엑상프로방스의 소송 때처럼 희생자들이 모욕당하고, "레즈비언"과 "창녀"로 취급당하고, 그들의 가까운 지인들이 죽음의 협박을 받고, 그들의 변호사들이 괴롭힘당하는 걸 상상할 수 없다. 오늘날 근친상간 사건들에 대해, 1986년 9월 2일의 방송에서 다룬 경우처럼, 의사들이 "두 가지 근친상간"에 대한 주장을 평온하게 옹호하는 걸 생각하기도 어렵다. 병적, 약탈적 근친상간과 합의된 행복한 근친상간이라는 주장 말이다.

그러나….

강간[10]이나 근친상간[11]에 관해 가장 최근에 나온 출판

물들은 동일한 사실을 확인해준다. 성폭행과 근친상간의 수가 줄어들지 않는다는 사실이다. 고소는 여전히 문젯거리이고, 법적 해결책은 여전히 불확실하며, 판사들이 강간을 단순한 "성폭행"으로 간주해 "경범재판소로 회부"하려는 경향도 여전히 크다. 중죄재판소의 굼뜸과 과중함과 충격적 파장을 논거로 내세우면서. 몇 년 전부터 "사건들"(하비 와인스타인, 제프리 엡스타인, 도미니크 스트로스칸, 올리비에 뒤아멜)이 터져 나올 때마다 그때까지 침묵 속에서 고통받으며 옴짝달싹하지 않던, 놀랄 만큼 많은 수의 희생자들이 일어섰다. 그럴 때면 이런 생각이 든다. 달라진 게 하나도 없네. 여전히 똑같은 수치심이, 끔찍한 침묵을 먹고 자라는 수치심이 희생자들을 사로잡고 있어.

최근에 두 희생자의 고백이 있었다.

시드네 아미엘은 샤르트르에서 명망 높은 변호사들로 구성된 법률 사무소를 운영하는 저명한 변호사다. 그는 2017년 수년 동안 연이어 동업자들에게 성폭행을 거듭해 온 것으로 기소된다. 한 희생자는 아미엘의 집에 "들르고" 15년도 더 흐른 뒤 자신의 오랜 침묵을 이렇게 설명한다. "침묵이 너무도 편안했어요. 주변 사람들에게 강간은 금기

시되는 주제예요. 그건 더럽고, 수치스럽고, 혐오스러운 것이니까요."[12]

청소년기 내내 사촌 누나의 남편에게 금요일 저녁마다 강간당해온 옛 럭비선수 세바스티앙 부에이는 18년이 지나서 자신이 유일한 희생자가 아니라는 사실을 알고서 마침내 고발했고, 그의 옛 가해자는 2013년 유죄판결을 받았다. 이 운동선수는 이렇게 말한다. "나는 수치심 속에서 살았어요."[13]

수치심의 논리, 침묵의 뿌리는 강간이나 근친상간의 경우에 전적으로 같진 않다. 강간 사건은 대개 난폭한 단발성의 특징을 띠고, 대부분 여성을 상대로 이루어진다. 삶을 망가뜨리는 유일한 상처가 된다. 그러나 운동, 교육, 종교 등의 영역에서 청소년기 이전의 소아들을 대상으로 긴 시간 동안 반복되는 강간도 물론 있다. 근친상간은 아버지나 의붓아버지로부터, 대개 정기적으로 성폭력을 당하는 아이들의 경우다. 가해자는 아는 사람이다. 지인이고 가족으로, **보호해야 할 사람**이 그러는 것이다.

우리는 수치심을 낳는 두 가지 요소, 상대적으로 명백히 다른 두 가지 제작소를 구분할 것이다. 강간의 실례를 토대로 연구해볼 때 수치심은 남성우월주의적 장치를 통해 사회적으로 구축된 **합의**의 결과로 생겨난다. 근친상간의 경우에는 가족에 의해 유지되는 **침묵**의 정서로 생겨난다. 그러나 물론, 합의의 문제는 근친상간의 희생자들에게도 제기되고, 침묵의 문제는 강간 사건에서도 제기된다.

———

강간의 희생자들이 자신들의 고통을 인식시키고, 가해자들이 처벌받게 하기 위해서는 자신들이 갇힌 동질의 울타리를 이루는 적어도 네 개의 벽을 맞닥뜨리고 뛰어넘어야 할 것이다. 그 울타리가 바로 남성우월주의적 장치다. 네 개의 벽이란 성적 신화, 도덕적 가설, 케케묵은 모태, 전형적 시나리오다.

남성우월주의적 장치를 키우는 성 신화는 능동과 수동이라는 극단으로 분배된 남성과 여성의 대립을 구축했다. 순수한 해부학적 사실마저 뛰어넘고, 젠더별 쾌락과 혐오가 추정되었다. 여성의 경우에는 포기와 수동성의 쾌락을 추정한다. 프로이트는 마조히즘의 "여성적 본질"을 운운하기까지 한다.[14] 남성의 경우에는, 성의학의 창시자인 해브록 엘리스Havelock Ellis 가 발전시키듯이, 정복과 장악의 쾌락을, 사냥 본능을, "자연스럽게" 충동적이고 공격적인 성을 가정하다. (반면에 여성은 사냥에 **동의하는** 먹잇감의 역할을 맡는다. 하지만 "여성들은 남편에게 학대당할 때 다정하게 사랑받는다고 느낀다"[15]고 누가 감히 쓸 수 있을까?) 수컷은 (자신의?) 쾌락을 제공한다(강요한다?). 여성은 그것을 받고, 자신을 거기에 내맡긴다. 지배의 쾌락 대 지배당하는 쾌락.

이 극성들(능동/수동, 남성/여성, 양/음, 공公/사私 등)은 그 자체로도 중요하지만, 여성 성性의 능동적 요소와 남성 성性의 수동적 기질을 인정함으로써 초래된 이 극성들의 전복과 뒤얽힘은 더더욱 결정적이다. 여성의 성은 오래전부터 의사와 사제들에 의해 탐욕스럽게 수동적인 것처럼 묘사되었다. 채워지길 미친 듯이 갈망하는 구렁처럼. 단지 하나의 공백, 빈 구멍이 아니라 갈망이고 탐욕으로 묘사되었다. 여성의 수동성은 날조이고, 거짓이며, 모순이다. 여성은 실제로 음탕하고 유혹적일지도 모른다. 드 비앙빌 박사가 오랜 전통을 답습하며 《자궁의 광적인 욕망에 대한 개론Traité de la fureur utérine》(1789)[16]에서 묘사하듯이 여성은 음탕하다고 평판이 나 있다. 다시 말해, 채울 수 없는 엄청 난 쾌락을 갈망하는 것으로 알려졌다. 적어도 자궁을 "악마의 문"[17]으로 묘사한 테르튈리앙 이후로 여성은 유혹적이라고 평판이 나 있다. 여성의 수동성은 하나의 함정이다. 여성은 애교를 부리고, 자석처럼 은밀하게 끌어당긴다. 이 남성우월주의적 신화 속에서 무고한 먹잇감이 되는 건 남성들이다. 그들의 성적 활동은 반응성이라 선언되고, 그것의 충동성은 그것이 **타자**에 의해 "불이 붙는"다는 의미에서 수동적이라 선언된다. 그들은 여성에 의해 작동되는 성적 발화 과정의 희생자들이다. 하물며 여성은 성행위에 동의한다. "자기 매력의 폭력성"으로 성행위를 야기한 것으로 간주되기 때문이다(루소[18]).

도덕적 가설은 영원한 여성성의 특징처럼 문화적으로 구축된 수줍음의 가설이다. 그러나 이 수줍음은 그 안에 감춰진 것이 불명확하게 남는 한 모호한 상태로 남는다. 여성이 가능한 한 오랫동안 자신의 알몸을 가리도록 이끄는 이 조심성은 첫 해석으로는 자신의 몸이 자신의 고유한 소유임을 나타내는 기호일 수 있고, 그것이 몸을 온전하게 유지하고, 절개를 지키고, 모든 난입에 맞설 압도적 권리를 쥐고 있음을 나타내는 기호일 수 있다. 그렇다면 수줍음은 거부를 말할 제 권리의 표현일 것이다. 그러나 두 번째 해석도 존재하는데, 여성이 수줍음 속에 감춘 건 자신의 발가벗은 모습이 아니라 자신의 욕망이라고 주장하는, 대단히 남성우월주의적 해석이다. 사회적 관습(쉬운 여자로 보이지 말아야 한다)이나 변태적인 술책들(욕망을 자극하기 위해 저항한다) 때문에 여성은 거부하고, 몸부림치고, 살짝 저항해도, 그건 그저 **지연되고, 가장된 동의**의 형태일 뿐이라는 해석. 결국엔 여성도 원했을 테고, 쾌락을 맛보았을 테고, 동의했을 것이라는 해석이다. 이는 처음엔 거부의 형태를 취할지라도 행위가 완수되고 나면 추론되는 귀납적 동의다.

그리고 케케묵은 모태는 사회적으로 구축된 모태다. 결혼한 여성은 남성의 "소유물"로, "재산"으로 간주된다. 독신인 여성은 취해야 할 재산이, 진열대 위의 상품이 된다. 강간은 친자관계에 아무 위협이 되지 않는 한, 재산 승계에 아무 문제를 일으키지 않는 한 이 모호한 자기 제공에 대한 응답일 뿐이다.[19] 이 모태 개념은 강간당한 여성이 결혼하지 않았다면 동의한 것으로 가정하도록 내몬다. 남성우월주의적 체계는 여성이 공공장소에 누군가를 대동하지 않고 나타나는 걸 그 여성이 조심성이 부족해서 위험을 자처한다고 암시한다. 그녀의 무자각은 앞으로 닥칠 일에 대한 선험적 동의로 여겨진다(자업자득이지!).

이 남성우월주의적 장치가 결국 일반적으로 강간을 정당화한다는 느낌이 들 수 있을 것이다. 하지만 사태는 그보다 훨씬 복잡하다. 강간은 여전히 강력하게 판결되고, 엄하게 처벌되지만, 다만 그건 사건이 여섯 가지 요소를 내포한 전형적인 시나리오에 부합할 때 그렇다. 희생자가 결혼한 여성이어야 하고, 가해자가 완벽하게 낯선 남자여야 하며(가난한 이민자나 정신병 환자라면 더 좋다), 사람들의 눈길로부터 동떨어진 외진 공간(어두운 골목길, 지하주차장, 지하실)이어야 하고, 갑작스러운 기습이어야 하며, 용감하지만 절망적인 저항이 있어야 하고(질식당하거나 무용한 비명), 무기(칼 등)를 이용한 신체적 억압이 있어야 한다. 이 전형적인 시나리오는 앞에서 말한 동의의 모든 가능성을 단번에 파기한다. 갑작스러운 기습이라는 요소는 수동-능동의 변증법을 작동시키는 모든 유혹의 장치를 뛰어넘는다(당연히 동의는 없다). 강압과 저항은 어떤 수줍음-욕망도 생각할 수 없는 것으로 만들 정도로 높이 평가된다. 결혼한 여성이라면, 다시 말해 다른 남성에게 속한 여성이라면 강간은 즉각 절도로 다시 규정된다(선험적으로, 동의도 없다).

여성이 이 전형적인 시나리오에서 벗어나게 되면(성숙하고 책임감 있는 남성들에 대한 연민에 길을 즉각 열어주는 "좋은" 강간의 시나리오) 남성우월주의적 장치가 급파된 대리인들(경찰관, 조사관, 판사)과 삼중의 동의(아 포르티오리: 더없이 강력하게, 아 포스테리오리: 후험적으로, 아 프리오리: 선험적으로)를 이용해 희생자에 맞서 작동하도록 허용하게 된다. 그런데 그 시나리오는 아주 미미한 경우에만 부합한다. 대개의 경우, 강간자는 아는 사람이고(지인, 동료 등), 강간은 사적인 공간에서 행해지며, 신경심리학자들이 잘 아는 메커니즘에 의해 거의 언제나 두려움에 사로잡혀 희생자는 뇌가 "작동을 멈추고" 쇼크 상태에 빠져 더는 아무 저항도 하지 못하며, 전적인 수동성이 희생자에겐 참고 견뎌야 할 일을 감당하기 위한 피신처가 된다. 그러나 이 전형적인 시나리오는 사실 어떤 묘사나 표상의 목표를 갖고 있지 않다. 그저 강간당한 여성의 동의를 가정할 기회를 최대화하려는 것일 뿐이다.

사회적으로, 문화적으로 구축된 이 삼중의 동의는 희생자의 수치심을 키운다. "경찰력" 혹은 "정의 대리인들"의 기만적인 질문들, 사적 차원의 심문을 통해 강간은 조금이라도 전형적인 시나리오에서 벗어나기만 하면(자유로운 여성이든지, 가해자를 알든지, 살짝 희롱을 받아주기 했다든지 등등) 희생자를 겨냥한 도덕성 심문을 낳는 유일한 범죄가 되어 동일한 선고를 향해 나아간다. "결국, 자업자득이었네."

　엑상프로방스 소송으로 돌아가보자. 피고 쪽 변호사들의 발언을 다시 읽어보면[20] 극단적인 지점에 이르게 되고, 그것이 정치적 사유 속에서도 작동하는 걸 보게 된다. **살아남는 데 대한 동의**라는 문제적 표현인데, 이는 앞에서 언급한 세 가지 형태의 동의를 잇는 연결점이 된다.

　다시 한번 말하지만, 두 젊은 여성은 겁에 질린 채 고립감과 무력감을 느끼며 세 가해자가 텐트 안으로 들어오게 내버려두었고, 남자들은 곧 그들을 겁탈했다. 여자들에겐 오직 한 가지 강박관념밖에 없었다. 남자들이 어서 빨리 떠나는 것이었다. 아연실색한 여자들은 경직된 채 오직 한 가지 욕망에 사로잡혀 더는 저항조차 하지 못했다. 저들이 떠나기를! 여자들은 심지어 남자들의 연민을 자극해 대화를 시도하며 "호의적인" 태도로, 그들을 공포에 떨게 만드는 가해자들의 폭력성을 가라앉히려고 애썼다.

그러니 세 남자의 변호사들에게서 우리가 접하게 되는 건, 순수히 목숨을 건지려는 여자들의 책략과 그 책략에서 나온 말이 파는 끔찍한 함정의 불공정한 활용이다. 여자들은 자포자기를 "결심"하고, 가해자들에게 저항으로 맞서지 않는 편을 "택하고", 결국 혐오스러운 성관계를 견디기로 "받아들였"다는 것이다. 변호사들의 논증은 여자들의 진술에 억지로 자유의 씨를 심어 그 의미를 비틀고 뒤집는 데 있다. 결심하고, 택하고, 받아들이는 건 전부 동의의 형태가 아니던가? 변호사들은 젊은 여성들에게 반박한다. 보시다시피, 어느 순간 여러분은 결국 동의하고, 더는 저항하지 않고, 받아들이지 않았습니까! 물론 그 수용이 그저 한낱 술책이라거나 두려움의 결과라는 사실에는 동의할 수 있지만, 적어도 그 태도가 착각을 낳을 우려가 있어 당신들이 동의한 것으로 보일 수도 있었으리라는 사실은 인정하세요. 그럴 때 남자가 어쩌겠습니까, 특히나 이 가련한 세 남자처럼 조금 사고력이 부족한 남자라면 말입니다.

하지만 피고 측 변호사들이 무시하고 싶어 하는 그 모든

"결심"과 "선택"과 "수용"의 뿌리에는 공황 같은 공포가, 죽음에 대한 두려움이 있다. 그러므로 피해 여성들에게서 어떤 가담도, 어떤 의지도, 어떤 자유도 가정하지 말아야 한다. 그 누구도 살아남는 데 "동의"하지는 않기 때문이다. 협박을 받을 때 우리는 결코 죽음과 삶 사이에서 "선택"하지 않는다. 우리는 대응책을 찾고, 전략을 펼치고, 속임수를 쓰고, 결심하고, 체념하지만, 그것이 동의는 아니다. 어떤 자유로운 의지가 표현된 것도 아니다. 마르크스가 말했듯이, 노동자가 형편없는 보수를 "자유롭게" 받아들인다고 말할 수 없는 것과 마찬가지다. 노동자에겐 선택의 여지가 없다. 그는 살아야 하고 자식들을 먹여 살려야 한다.

정치적 사유 또한 국가에 대한 복종을 정당화할 때, 살아남는 데 대한 동의라는 이 기괴한 가설을 거론한다. 홉스는 사회계약 철학자다. 다른 철학자들처럼 그도 공권력 설립의 기원에 만장일치의 동의 행위를, 합리적이고 자유롭게 함께 살려는 의지를 가정한다.《리바이어던》의 20장에서 그는 영토 정복에 대해, 식민지에 대해 이런 물음을 던진다. 들어서는 권력은 어떤 정당성도 갖지 못하고, 복종은 폭력의 결과일 뿐이라고 말해야 할까? 홉스의 대답은 거침없고, 파문을 일으킨다. 절대로 그렇지 않다. 제도로 설립된 공화국들(명료하게 표명된 만장일치의 동의에 토대를 둔. "나는 승인한다. 이 사람에게…"[21])이건, (오직 폭력으로 국민을 복종시킴으로써) 획득된 공화국들이건 결국 동일한 토대 위에 놓여 있다. 다만 후자의 경우에 동의는 암묵적이다. 사실, 최초 점유자들은 살아 있는 순간부터 동의한 것이다. 그러나 폭력으로 얻어낸 동의를 말하는 게 가능한 걸까? 이 점에서 홉스는 무시무시한 구분을 한다. 조직된 정치 사회들의 일상생활 속에서 동의는 속박과 양립이 불가능하며, 무엇에도 강요당하지 않고 자유롭게 원한다는 의미다. 그러나 애초의 정치적 동의는 다르다. 그것은 죽지 않는 데 대한 동의다.

죽음이나 폭력에 대한 두려움에서 생겨나는 모든 관습이 무효하다면 어떤 종류의 공화국에서건 누구도 복종을 강요당할 수 없을 것이다.[22]

국가에 대한 무조건적인 정치적 복종을 합리화할 때, 강간자에게 굴복한 여성에게 죄의식을 부과할 때 이 강요된 동의에 대한 진술을 만난다. 사람들은 권위적인 국가를 마주한 시민도, 강간자를 마주한 강간당하는 여성도 순수한 희생자가 아님을 그토록 입증하려 한다. 그들이 살아 있으니 일정 부분은 분명히 동의한 셈이라고 여기는 것이다.

이 기괴한 개념은 실제 효과가 없지 않다. 우리는 그것을 가장 위대한 정치 이론가들의 입을 통해서뿐만 아니라 강간자들과 그 변호사들의 입을 통해서도 접한다. 엑상프로방스 소송의 최종 변론에서 변호사 튀비아나는 두 여성이 겪었을지 모를 강간의 사실성에 대한 의심을 드러내기 위해 기이하고 잔인한 비교를 시도한다. 두 벨기에 여성이 강간자들과 얘기를 나누었고, 그들의 요구(자위, 오랄 섹스)에 응했다는 걸 볼 때 정말 이 여성들을 밤새도록 늑대와 싸운 스갱 씨의 염소처럼 생각할 수 있겠습니까?[23]

역겨운 비교다. 이 비교 뒤에, 자유로운 여성이 될 선택을 했다면 놀라지 말아야 한다는 생각이 떠돌고 있기 때문만이 아니라, 무엇보다 어린 염소가 늑대를 상대로 제 저항을 입증하려면 죽어야 한다는 생각 때문에 역겹다! 젊은 여성들이여, 강간에서 육체적으로 손상을 입지 않고 빠져나오면 스스로 이런 질문들을 던져보아야 할 것이다.

우리가 미니스커트 차림에 머리를 초록색, 오렌지색으로 물들이고 있어서, 분명히 강간이 자행되고 있음에도 그것이 딱히 강간은 아닌 것이 되었다. 〔…〕 권총을 소지한 세 남자가 두 명의 소녀를 피를 흘리게 할 만큼 겁탈했음에도 강간은 아닌 것이다. 우리가 정말 원하지 않았다면 차라리 죽기를 선택했어야 했는데 그러지 않았다는 것이 그 증거다. 〔…〕 그런 일이 벌어졌다면 그것은 내심 여자가 동의했기 때문이라는 것이다. 여자를 때리거나 위협하거나 여럿이 달려들어 꼼짝하지 못하게 해도, 여자가 일이 벌어지기 전에도, 벌어지는 동안에도, 벌어지고 나서도 울부짖어도 아무 소용없다. 〔…〕 내가 살아남았다는 사실 자체가 내게 불리한 증거였다."[24]

지젤 알리미는 자신의 변론에서 정확히 그 점을 지목해 이렇게 외친다. "강간당하는 여성이 언제까지, 어느 지점까지 저항해야 합니까? 죽을 때까지라고 말할 겁니까?" 그리고 그녀는 알퐁스 도데와 그의 염소 이야기를 비참한 예시로 축소하는 비교를 시도한다.

신사 숙녀 여러분, 여러분도 아시다시피 게슈타포가 고문했을 때 일부 레지스탕스 활동원들은, 영웅들은(거듭 말하지만 그들은 "영웅들"입니다) 불었습니다. 고문당하고 능욕당해서 말한 사람들이 고문한 자들의 체제에 동의했다고, 협력했다고 누가 감히 말하겠습니까?[25]

———

거듭 말하지만, 말은 해방하고, 구원하고, 재건한다. 침묵은 근친상간의 연료다. 침묵은 짧게는 근친상간을 보호하고, 길게는 그걸 용서한다. 왜 그녀는 아무 말도 안 했을까? (근친상간의 희생자들은 대개 여성이어서 우리가 여성형을 쓰지만 어린 남자애들에게도 일어나는 일임을 잊지 말아야 한다.) 그렇지만 근친상간은 직관적인 논리들의 전복을 강요한다. 그것이 심각하고 충격적이며 파괴적이기 때문에(또한 앞으로 보게 되겠지만 권력체계를 세우는 것이기도 하다) 그에 대해 말을 하지 않는 것이다.

근친상간의 생존자들이 그토록 오랫동안 말을 못하게 막은 건 무엇일까?

먼저, 틀림없이 두려워서다. 근친상간을 범하는 자는 무

124   수치심은 혁명적 감정이다

시무시한 협박으로 위협하고 입을 틀어막는다. "말하기만 해봐…." 그러면 아이는 침묵 속에 갇혀 떨고, 뭐라도 말하면 보복당할까 겁낸다. 게다가 다른 두려움들도 꿈틀댄다. 우선, 믿어주지 않으면 어쩌나 하는 두려움이다. 자신에게 일어난 일을 스스로도 이해하지 못하기에 그걸 얘기할 방법은 더더욱 알지 못하고, 그걸 표현할 말도 알지 못한다. 나조차 내게 일어나는 일을 믿기 힘든데 사람들이 내 말을 믿어줄까? 어떻게 소리를 내고, 명명하고, 무슨 단어를 쓰지? 많은 희생자가 그런 경험을 한다. 그 일이 너무 어린 시절에 일어났을 때는 희생자들은 경찰서에서 고발장을 접수할 때서야 자신들에게 일어난 일을 "뭐라고 부르는지" 알게 된다. 아이는 즉각 그것이 명명하기 힘든 탈선행위라는 걸 느낀다. 침묵은 아이가 비밀에 갇힌 채 그 재앙을 단발성 장면들에 가두고, 피로와 공허감에도 불구하고 밖에서 "정상적인" 삶을 살려고 애쓰게 해준다. 아이는 생각한다. 만약 내가 말을 하면 총체적 재앙이 될 테고, 그것이 모든 걸 앗아갈 거야. 가족, 학교, 친구들, 아직은 내가 취약한 기쁨의 순간들을 만들고 있는 이 일상까지. 사람들은 더는 나를 좋아하지 않을 테고, 모든 게 사라질 거야. 세상의 질서(가족 간의 식사, 학교에서 노는 놀이), 모든 건 그녀의 침묵에, 가해자와 희생자 사이에 연장된 묵시적 침묵의 협정에 기대고 있다. 게다가 근친상간을 범하는 자는 충분히 예고했다. 네가 입을 열면 그때는 **대혼란이, 종말**이 될 테니, 너도 책임져야 할 거야. 너는 엄청난 배신자가 될 거고, 네 어머니에게 고통을 안길 테고, 가족이 해체될 테고, 너의 추잡함으로 온 세상을 더럽히게 될 거야. 그 모든 게 다 너 **때문이야**. 실존 계획 하나가 거기서 도출된다. 혼돈과 자신의 죽음을 모방하는 것, 황폐해진 내면의, 약탈당한 나의 한 영역의 죽음을 모방하는 것이다. 희생자는 잔혹하게 영웅적인 자신의 침묵이 마치 현실의 지속을 위한 조건이라도 되는 듯이 산다. 그녀는 타인들을 위해 버틴다. 그들을 보호하기 위해, 또 그들로부터 계속 사랑받기 위해.

침묵은, 두려움의 결과가 아니더라도, 말에 대한 적대감에서도 온다. 침묵은 종종 순수한 협박이나 거의 부수적이거나 부차적인 직접적 위협의 산물이기보다는 **지배**의 산물이기 때문이다. 지배라는 말을 우리는 힘의 양태로 이해한다(누군가로부터 그가 자발적으로는 하지 않았을 행동을 얻어내는 능력이라는 첫째 의미의 "힘"을 뜻한다). 이 양태는 실행되는

데 강제로 폭력을 쓸 필요도 없고, 합리적인 설득이나 협상을 통할 필요도 없다. 언제나 인정을 강요하는 권위의 고전적 태도를 겨냥하지도 않는다. 지배는 차라리 정신적 **점령**이다. 은밀하고, 효과적이며, 끔찍한 점령이다. 지배 **아래** 있다는 건 자신의 자율성을, 내적 주권을 박탈당한다는 의미다. 우리가 타자의 지배 아래 있고, 어떤 실체의 지배 아래 있다는 의미다. 하지만 이 설명은 거의 너무 부정적이다. 지배는 단지 박탈하고, 몰수하고, 추출하기만 하는 것이 아니다. 그것은 점령하고, 식민지로 만든다. 욕망, 의지, 생각은 부여되고, 점령당한다. 나는 **타자를 따라** 욕망하고, 바라고, 말한다. 근친상간을 당한 희생자는 더는 자신의 목소리를 온전히 갖지 못하며, 침묵은 말을 점령당한 결과이다. 희생자의 내밀함은 점령당한다. 내밀함은 자기 자신에게 속한다는 감정이 구축되고, **체득되는**(느끼고, 체험한다는 이중의 의미로) 순간들에 달렸다. 감정적 동요, 몽상, 페티시, 고유한 몸, 환상, 유희, 속삭임, 나는 나와 나 사이에 춤추는 듯한 친밀감을 정착시키고, 나의 몸과 나의 욕망에 깃드는 법을 터득하고, 그것들에 실체를 부여한다. 그것은 자신의 자기화이고, 고유한 자신의 성립, 내밀한 것의 구축이다.

근친상간의 경우, 밤에 침대에서건, 침실이나 욕실에서 혼자건, 내밀한 시간은 불안과 난입의 기회가 된다(그가 불쑥 들이닥칠까?). 아이는 자신의 몸과 욕망과 말을 자기 것으로 삼고, 자신을 좋아하게 되고, (메를로 퐁티가 말하는 "고유한 몸"과 같은 의미로) "고유한 자아"를 공고히 강화하고 한계짓는 정서의 핵심을 구축하는 그 순간들을 빼앗긴다. 아이의 내밀함은 영토를 점령당하듯이 타인에 의해 점령당한다. 주권을 박탈당하고, 외부의 통제 아래 놓인다. 나의 쾌락은 낯선 쾌락 탈취에 감염되고, 내 몸의 감정은 불안한 침입에 지배당한다. 삽입, 자위, 손가락 삽입. 아이는 어떤 행위들을 하고, 어루만지고 핥도록 명령받는다. 꼭 타격이나 상처, 고통과 비명이 있지 않아도 내면을 황폐화하는 근본적인 폭력은 그대로다. 그 폭력은 감춰진 눈물로, 타인과의 변질된 관계로, 불안한 공허감으로, 파괴적 자기혐오로 변환될 것이다. 침묵은 "일상적" 현실 속, "정상적인" 일상의 주름 속에 불길한 낭포들, 고통스럽게 부푼 염증들, 종양들을 낳아 일상적 삶은 계속될지라도(일어나고, 할 일을 하고, 먹는 일상. 침묵은 그 지속성을 보장해준다) 아이가 그 삶에 자리 잡는 방식 자체를 해치고 썩게 만든다.

근친상간의 침묵은 수치스러운 침묵이다. 우선 성적 학대 행위는, 때로 성인이 "다정한" 말로 잔악성을 가리는 데 쓰이는 "신뢰"의 표명을 곁들일지라도, 거듭 말하지만, 아이에게 혹은 어린 청소년에게 단번에 비정상적인 일탈로, 결국 **더러운** 행위로 체험된다. 성인의 욕망에서 나온 어떤 원숙한 성행위, 외설적인 환상은 섬세한 어린아이의 생식기에 이해할 수 없는 충격적인 행위를 가함으로써 불안의 감정을 일으킨다. 아이는 엄습해오는 냄새와 감각을 낯설고 혐오스럽다고 느낀다. "이건 좋지 않아"라고 느끼지만 그걸 말해서 가까운 사람들의 혐오를, 어머니의 화를 불러일으키고, 내내 떠나지 않는 더러움을 듣는 사람들에게 튀길 위험을 무릅쓰고 싶지 않다. 아이는 종종 "그랬어야 했는데"(저항하고, 거부하고, 소리쳤어야 했는데, 등등) 그러지 못했다고 생각한다. 따라서 "어리석은 짓을 저지른" 건 자신의 수동성이라고 여긴다. 자신의 나약함, 자신의 궁핍에 대한 수치심을 느낀다. 심지어 때로는 자신이 "마음에 들길" 바랐기 때문에, 그 끔찍한 일을 당하는 와중에도 때로는 자신의 아버지나 의붓아버지를 여전히 사랑했고, 그 사랑의 명목으로 사랑받기를 바라고 모든 걸 받아들였기에 더더욱 수치스럽다. 어쨌든 때때로 가해자와 여전히 가깝게 지낼 수 있지만, 그 사랑의 대가에 질겁한 아이를 사로잡는 건 불순하고 불안하고 씁쓸한 감정이다. 마지막으로, 페렌치가 《언어의 혼돈》[26]에서 지적했듯이, 어린아이의 심리는 다공질이며 최면에 걸리기 쉽다. 그 투과성은 문제의 행위로 아이가 받은 충격으로 더 증대된다. 강간에 대해 말할 때 이미 언급했듯이 뇌는 "작동을 멈추고", 의식은 아이가 지켜보는 것과 분리되고, 영혼은 육신과 단절된다. 근친상간의 순간에 처음 경험한 강렬한 감정(불안, 두려움, 공포)은 어린 소녀를 무한히 최면에 걸리기 쉽게 만들고, 아이는 그 대가를 수치심으로 치른다. 가해자의 비열함은 자신의 비열함으로, 자신이나 타인들에 대한 폭력(근친상간 피해자들의 충동 공포증)으로 뒤집힌다.

일어난 일이 **실제로 내게** 일어났다는 사실이 수치심의 첫째 대상이다. 거기에다 침묵은 의혹 같은 무언가를 간직한 채, 성폭력의 순간을 준-현실로 묶어두어, 부유하듯 현실감을 상실한 상태로 그 순간들을 견딜 만하게 해준다. 사회적 보살핌을 받는 동안(학교에서 보내는 식사와 놀이 시간)

에 그 순간들은 악몽처럼, 섬망처럼 조금 비현실적인 밀도를 지닐 뿐이다. 그 일에 대해 말한다면 그 순간들이 갑작스레 타인들 앞에, 그리고 **자기 자신 앞에** 존재하게 될 것이다. 견딜 수 없는 현실 속에서 그 순간들을 맞닥뜨리게 될 것이다. 그것들을 넘어서야 할 나쁜 순간들이 아니라, 타인들의 담론 속에 우뚝 선 바위처럼, 타인들의 눈길 속에서 번득이는 칼날처럼 대면해야 할 것이다. 말할 수 없는 무언가를 품은 건 어떤 삶일까? 나는 **홀로** 간직한다. 분열되고, 분리될 수밖에 없는 아이에게는 명백히 폭발적이고 처참하며 파괴적인 해결책이지만 유일하게 가능해 보이는 해결책이다. 그래서 근친상간 피해자에게는 가해자가 희생자를 여럿 만들어 자신이 혼자가 아니라는 사실을 알게 되는 것이 폭력적이면서 동시에 위안을 주는 경험이 된다. 첫째, 다른 사람들도 겪었으니 그건 분명히 존재하는 일이었다. 둘째, 가해자가 다른 사람들에게도 같은 짓을 했으니 병든 건 분명히 그 사람이다.

이 잔인한 침묵의 궁극적 기능은 정당화하고, 승인하고, 보장하고, 마침내 **발가벗은 힘**을 옳다고 인정하는 것이다. 그것을 "남성적 지배", "가부장적 권력", "남성우월주의"라고 말할 수도 있다. 내가 말하는 "발가벗은 힘"이란 한편으로는 장악에서 나오는 힘(아이는 근친상간을 범하는 자에게 그가 이용하고 남용하는 물건이고 소유물이다)이고, 다른 한편으론 지배자와 피지배자, 침투하는 자와 침투당하는 자, 근친상간 가해자와 피해자 사이에 상호성 없는 정지선을 긋는 힘이며, 상대를 무한히 처분 가능한 일회용 사물의 지위로 깎아내리는 힘이다. 상대가 스스로 사물로, 쓰레기로, 무가치한 존재로 느끼도록 내모는 힘이다. 내가 발가벗은 힘이라고 말하는 건 그 힘이 어떤 말이나 정당화의 지지도 받지 않고, 타인의 의지를 지배하거나 행동을 통제할 의도를 품었다고 결코 인정하지 않으며, 스스로 어떤 특별한 합법성도 주장하지 않기 때문이다. 그것은 어떤 사물의 소유권을 규정할 때 쓰는 의미처럼 사용권을 온전히 누리는 힘이다. 과실수취권. 나는 원물에서 내가 바라는 것을 끄집어내고, 그것을 사용하고 마음껏 남용하며, 내키는 대로 변형한다. 그렇게 해도 힘의 남용이 아니다. 그 힘이 스스로를 확인하는 건 바로 남용을 통해서이기 때문이다. 그 힘은 바로 남용 그 자체다. 남용의 대상은 타인의 욕망에 전시되고, 타인의 눈길에 제공되고, 소비될 물건의 상태로 전락했으니 수치스러울 수밖에 없다. 근친상간에 희생된 아이의 발가벗은 상태는 더는 내밀하지 않고, 육체적이고 은밀한 점유의 비밀에 휘감긴 채 외적인 것이 되었다. 제 **감독권**을 행사하는 강간자의 눈길에 제공된 처지다. 레비나스가 썼듯이, 수치심은 "자신을 감추는 것이 불가능한 상태"[27]다. 나는 가시성 속에 마비된 채, 전시 속에 돌처럼 굳은 채 보여지도록 제공된다.

침묵이 근친상간을 **에워싼다**. 그러나 그 에워쌈은 무언가를 가리는 식탁보 같기보다는 기생하는 안개 같다는 걸 알아야 한다. 그러니 그것은 발가벗은 힘의 의복, 치장, 장신구가 아니겠나? 그 힘의 메아리, 공명, **배경음** 같은 것이다. 근친상간 희생자들은 종종 자매들이 똑같은 일을 당하고 역시나 입을 다물고 있고, 어머니가 알고도 입을 다물고 있으며, 남자형제들도 어깨를 으쓱할 뿐이라는 사실을 깨닫고 끔찍한 발견을 한다. 누구도 말하지 않는다. 이 침묵의 머뭇거림은 바로 이런 것이다. 견디기 힘들기에 말하지 않는 걸까? 아니면 **당연한** 일이어서 말하지 않는 걸까? 그래서? 아무도 말하지 않으니, 모두가 그렇게 하는 걸까? 발가벗은 힘은 바로 참을 수 없는 일이 **말없이 흘러가는** 것이다. 그것은 침묵을 낳는다. 그 힘의 지지대이자 표현으로, 전제 사항이자 존재방식으로, 요구이자 요소로서. 수치심은 그 힘의 흔적이고, 서명이다. 동시에 그 침묵이 어린 여성 희생자들에게는 오래도록 이어지는 수련이다. 근친상간을 당한 여자아이들은 아무 말도 하지 않은 어머니를 "거의 더" 원망한다고 종종 말한다. "거의 더"라는 건 어머니의 침묵에 이런 가르침이 담겨 있기 때문이다. 딸아, 받아들여라, 네가 저항한들 어쨌든 넌 질 수밖에 없으니. 침묵으로 견뎌라. 앞으로도 학교에서 남학생들의 가혹행위를 견뎌야 할 테고, 직장에서 성차별주의자들의 희롱과 무례한 행동을 견뎌야 할 테니. 네가 맡은 영원한 하급자, 영원한 패자, 영원한 굴종자의 역할을 받아들이거라. 폭력을 **받아들이도록** 우리를 내모는 체제는 폭력 자체보다 "더" 견디기 힘들다.

우리는 침묵에 기대어 결국 자란다. 그러다가 근친상간 피해자들, 성폭행 피해자들이 그 침묵에 기대어, 그 침묵 속에 자신들이 세워졌음을 알기에, 그 침묵을 유지하는 방식 속에서, 그것을 유지하기 위한 술책 속에서, 자기 자신의 영원한 주름 속에서 인간관계에 대한 주관적 원천을 찾고서 **또다시** 입을 다무는 순간이 온다. 침묵은 결국 제 안에서 제 존재이유를 발견하고 마는 것이다. 내가 침묵하는 건 내가 너무도 오랫동안 침묵해왔기 때문이다. 그렇게 나는 침묵 위에 나를 구축하고 만다. 무겁게 짓누르는 신체적 트라우마를 기점으로 민감한 영역을 자극하지 않으려고, 고통을 피하려고 자신의 모든 움직임을, 모든 행동을 재구성하는 몸들처럼. 내가 걷고, 앉고, 인사하고, 팔을 내미는 것부터 모든 것이 본래 상처의 흔적을 간직한 **양식** 속에서 행해진다. 마찬가지로 삶은 요체가 된, 하나의 수치심과 고통스러운 침묵에서부터 재구성된다. 그 요체는 흔적 남은 삶의 파국적 토대이고, 모든 쾌락과 우정, 삶의 선택들이 둘러싸고 도는 중심 카오스다. 강간 경험에 대해 비르지니 데팡트는 이렇게 털어놓는다.

> 그 사건을 청산하고, 깨끗이 비워버린다는 건.
> 불가능하다. 그것은 토대다. 작가로서의 나, 더는 온전한
> 여자가 아닌 여자로서의 나를 이루는 토대다. 그 사건은 나
> 를 훼손하는 동시에 구축한다.[28]

주체의 요체, 발가벗은 힘의 이 침묵…. 그것은 온 사회의 침묵이기도 할까? 마르크스는 자기 사유의 중심에 근본적이고 기초적인 인류학적 과정으로 점유를 두었다. 일한다는 건 자연을 주물러 변형하고 자기 것으로 삼는 것이다. 산다는 건 점거하는 것이다. 자기 몸을 점거하고, 자기 환경을 점거해 반영의 요소로, 안전의 요소로, "내 집에 있는"('전유'를 뜻하는, 스토아학파 철학자들의 오이케이오시스oikeiô-sis) 듯한 편안한 느낌의 요소로 삼는 것이다. 자기 것으로 삼는다는 것은 "고유의 자아"를, "고유의 세상"을 만드는 것이다. 식별할 수 있는 안정적인 나의 것. 그것을 우리는 윤리적 점유라고 이름 붙일 수 있을 것이다.

하지만 자본주의적 소유 방식이 존재한다고, 마르크스는 말한다. 그것은 점령과 타자들의 고유성(그들의 노동력, 시간, 세상 속 자리, 내적 실존 등)을 침범하고, 그들 존재를 소외시키고, 작아진 남녀 무리를 무한히 착취함으로써 이루어진다. 타자들의 소유를 점유하면서 커지는 이 부당한 점유가 발가벗은 힘이다. 정치 체계는 사용하고 남용하도록 보장된 권리를 통해 규정된 사적 소유물에 대한 법적 대의를 통해 그 권력을 제도화하는 것 이외에 다른 목적을 두지 않는다.

대투쟁과 집단 저항의 의미, 개인적 재정복들과 주관적 모험담의 의미는 "재점유"[29]의 탐색 속에 담겨 있을 것이다. 노동을 소외시키는 생산도구를 재점유하고, 성인 남성의 욕망으로 훼손된 사생활을 재점유하고, 식민지 이데올로기에 도둑맞은 정체성들을 재점유하는 것이다. 진짜 투쟁은 정복이 아니라 재점유다.

장황한 법률과 의미심장한 토대들을 갖춘 정치 체계는 발가벗은 힘을 **내포한다.** 그 체계가 그것을 내포하는 건 홉스가 즐겨 사용하던 메타포를 빌리자면 강 양안이 강을 내포한다는 의미이다. 다시 말해, 그것을 붙들고 있지만, 그것이 존재하도록 하기 위해서인 것이다. 체계는 그 힘을 깊이 감추고 있지만, 펄떡이는 심장으로 간직하고 있다. 발가벗은 힘은 우리네 사회정치적 구축물들의 단단한 핵심이고, **언제나 이미 받아들여진 무엇**이다. 홉스에 따르면 국가는 우리가 언제나 이미 동의한 무엇이듯이. 근친상간, 강간, 학대는 그 체계의 날카로운 파편들이고, 의미심장한 단자들이다. 그 점에서 그것들은 전적으로 사회적 사실들이며, 체계를 요약한다. 우리가 남성지배 체제라고 부르는 가

부장제, 남성우월주의 구조는 발가벗은 힘의 상징적 제도화다. 그리고 수치심은 그 제도의 수용을 말해주는 정서다. 비르지니 데팡트는 여기서도 결정적인 표현을 찾아낸다.

여성의 조건, 여성의 알파벳은 우리가 당하는 일에 대해 언제나 죄인이라는 것이다. 자신이 불러일으키는 욕망에 대해 언제나 책임을 져야 한다는 것이다. 강간은 명백히 정치적 프로그램이다. 그것은 자본주의의 뼈대로, 권력 행사의 노골적이고 직접적인 표현이다.[30]

우리가 "근친상간의 터부"라고 부르는 것은 그것을 소비하는 것도 실행하는 것도 아니다. 그것이 불행히도 너무 널리 퍼져서 우리는 그것이 주되고 압도적인 금기의 대상이 된다고 진지하게 믿지 못한다. 유일한 진짜 위반은 그것을 말하는 것이다. 이 말의 금지가 발가벗은 힘을 구성한다.

공화국의 성적 토대

모든 것은 한 가지 의혹에서 시작되었다. 어쩌면 조금은 허풍스러운 의혹인지도 모른다. 나는 여기서 로마 공화국의 설립 신화를 재구성해본다. 티투스 리비우스[1], 오비디우스[2], 디오니시오스 할리카르나소스[3], 윌리엄 셰익스피어[4], 앙드레 오베[5](남자들뿐이다!)에게서 발췌한 단장들에서 출발해 시인들, 극작가들, 도덕주의자들, 음악가들에게 영감을 준 이 전설의 극적인 잎맥을, 이상적인 골조를 짜보려 한다.[6]

첫 장면: 고위 장교들의 무리를, 포위전에 참전한 귀족 청년들을 상상해야 한다. 도시(아르디)는 조금 저항하면서 할 수 있는 만큼 시간을 보낸다. 사람들은 권태를 달래고 로마에 대한 향수를 피하기 위해서도 술을 마신다. 나는 그 놀기 좋아하는 무리에서 세 인물을 꼽아본다. 먼저

콜라티누스. 평판 좋고 집안 좋은 청년, 운 좋은 남편, 신의 있는 친구, 훌륭한 군인인 그는 모든 항목을 채운다, 특히 무미건조와 단조로움의 항목마저도. 무엇보다 그는 "마담의 남편"이다. 신사의 아내라고 말할 때처럼. 그리고 타르퀴니우스가 있다. 그는 이 창녀 저 창녀를 찾아다니는 왕의 아들, 에트루리아의 왕자다. 난폭하고, 싸우기 좋아하고, 변덕 심한 폭군인 그는 이용하고, 남용하고, 소유하고, 파괴하는 걸 좋아한다. 그 무엇도 그에게 저항하지 못하고 저항해서도 안 된다. 마지막으로 세 번째 인물인 브루투스가 있다. 그는 술친구이고, 유쾌한 광대다. 그러나 비극 끝에 이르러 그는 적임자로 나설 것이다. 로마인들이 타락한 에트루리아의 왕자들에 맞서는 해방의 봉기에 호출할 인물이 될 것이다.

술맛도 씁쓸할 수 있어서, 곧 얘기는 아내들과 누이들 쪽으로 흘러간다. 여기서 우리가 추위에 떨며 싸우는 동안 여자들은 무얼 할까? "술이 머릿속에서 익어갔고"(티투스 리비우스), 사내들은 나쁜 내기를 건다. 직접 가서 서로 여자들의 덕성을 확인하고, 갑작스러운 방문으로 정절을 확인해보기로 한다.

곧 우리의 병사들은 말을 타고 전속력으로 로마를 향해 달려간다.

결과는 시사하는 바가 컸다. 한 사람의 아내는 다른 사람의 품에 있었고, 두 번째 취한 병사의 누이는 상상을 초월하는 연회에서 취해 있었으며, 세 번째 여자는 집을 버리고 떠나 찾을 길이 없었다…. 이 도덕적 재앙 속에서 유일하게 다이아몬드처럼 홀로 반짝이는 건 콜라티누스의 아내 루크레티아의 경이로운 모습뿐이었다. 그녀는 하녀들 틈에서 양털을 잣고 있었다. 눈부시게 순수하며, 매혹적이고 고결한 로마의 귀부인답게 그녀는 집안의 질서를 지키고, 경제적이자 도덕적으로 잘 유지하고 있었다. 성과 경영을 겸비한 덕목의 상징이었다.

로마의 여성들을 보고 환상에서 깨어난 우리의 세 남자에게로 돌아가보자. 콜라티누스는 흡족해서 살짝 허풍을 떨기까지 했다. 타르퀴니우스의 마음속은 달랐다. 그의 심장엔 가시 세 개가 박혔다. 그중 어떤 상처도 경박한 여자들을 본 것 때문에 생긴 것이 아니었다. 그는 자기 자신의 냉소적 예상을 확인했을 뿐이었다. 그렇다. 그는 루크레티아를 보고 상처를 입었다. 첫 번째 상처는 갈망하지만 금지된 대상 앞에서 느끼는 분노였다. 완벽한 아내의 정절 앞에서 느끼는 노여움이었다(그녀가 나한테도 버틸까?). 마치 완벽한 대상을 다른 이가 소유한 데서 그의 전능함이 훼손된 것처럼(자기애성 수치심). 두 번째 상처는 아랫사람의 허풍을 견뎌야 하는 강자의 작은 수모였다. 타르퀴니우스는 자문하지 않을 수 없었다. 온갖 부를 소유하고, 온갖 쾌락을 누리지만 나는 결국 더없이 멍청이가 아닌가? 저 부부를 보라. 사랑하는 아름다운 아내와 좋은 동료이자 완벽한 병사인 행복한 남편(사회-이상적 수치심). 마지막 상처는 타르퀴니우스가 미친 욕망에 사로잡힌 데서 비롯한 것이 아닐까? 질투와 부러움 때문만이 아니라 그가 그 얼굴, 그 몸을 보고 사랑의 상처를 입은 게 아닐까? 상아처럼 새하얀 어깨와 새빨간 입술, 셰익스피어가 운율을 붙인 붉고 하얀 색의 조화를 보고서.

저마다 제 텐트로 자러 간다. 타르퀴니우스만 깨어 있다. 그의 심장은 요란하게 방망이질 친다. 그는 결심한다. 로마로 돌아가기로. 이튿날 저녁, 그는 다시 미친 듯이 질주하는데, 이때의 빠른 질주는 그의 양심을 꺼뜨리고, 그의 가책을 분쇄해 버린 듯 보인다.

2막. 타르퀴니우스는 밤늦게 로마에 도착한다. 그는 루크레티아의 집으로 간다. 발을 저는 말을 핑계 삼아 하룻밤을 재워 달라고 요청한다. 여기서 우리는 맞부딪히는 사회적 수치심들의 작은 유희를 볼 수 있다. 남편이 멀리 있는 여자가 혼자 있는 집에 남자를 받아들여 재워주는 것이 정말 품위 있고 바른 일일까? 그러나 환대를 청하는 권력자를 거부하는 건 더 무례한 일이 아닌가? 게다가 그는 남편의 전우가 아닌가?

왕은 결국 침실을 지정받고, 밤이 된다. 보호하는 밤이다. 밤은 수줍음의 요소다. 옷은 어쨌든 맨살에 드리운 밤의 장막일 뿐이고, 머리는 입술의 문 뒤로 털어놓을 수 없는 생각들을 봉인하는 어둠의 동굴이다. 밤은 환하게 내놓을 수 없는 것을 감추고, 어둠 속에 붙들어둔다.

이런 방식으로 라신의 페드르는 이름과 같은 제목의 극작품에서 어둠 속에 머물며 빛을 거부한다. 어떤 낯선 불안이 그녀를 사로잡아 낮의 빛으로 나서는 걸 가로막는 걸까? 태양의 딸인 그녀를? 그건 그녀가 수치심을 느끼기 때문이다. 의붓아들인 이폴리트를 향한 격렬한 욕망에 대한 수치심이다. 라신은 수치심과 죄의식을 명백히 구분짓는다. 우리는 자신이 했거나 하도록 방치한 행동에 대해, 자신의 자유를 잘못 사용한 데 대해 죄의식을 느낀다. 그러나 자신의 욕망에 대해서는 책임을 느끼지 않는다. 라신은 책 서문에서 분명히 밝힌다. 여주인공의 충동은 "자기 의지의 발로"가 아니기에 그녀는 죄의식의 순교자가 아니다. 반면에 우리는 그런 충동이 우리 안에서 낯선 기괴함처럼 끓어 오르는 걸 느낄 때 수치심을 느낀다("아 그대, 이 지경까지 추락한 나의 수치를 보고 있는 냉혹한 비너스여"). 욕망은 언제나 우리 안에서 포효하고 요구하는 터무니없는 타자다. 우리를 벗어나고, 넘어서고, 초과하고, 우리를 규정하는 이런 괴물성을 자신 안에 품고 있다는 데 대한 수치심. 어쨌든, 성 아우구스티누스는 창세기의 지상낙원에서 벗어나는 순간을 그런 식으로 해석한다. 그는 《신국》 14권에서 첫 움직임이 수치심의 움직임이었음을 분명히 보여준다. 상대의 벌거벗은 모습 앞에서 갑자기 그들은 욕망을 느끼는데, 억누를 길 없는 그 욕망이 억누를 길 없는 흥분을 드러내어 즉각 신체적 발현을 보게 된다. 성性은 낙원에도 분명히 존재했지만, 그것은 욕망 없는 성이었다. 원죄에 대해 내린 처벌은 죽음, 질병, 고통과 더불어 성욕일 것이다. 다시 말해 통제할 수 없는 부분, 우리 안에서 절대적으로 불복종하는 무엇이다. 그 또는 그녀는 욕망 같은 충동을 억제하지 못할 뿐 아니라, 그것의 신체적 영향(발기, 심장의 펄떡임 등)도 어찌하지 못한다. 지상낙원에서 쫓겨난 남자와 여자는 바로 그것에 대해 수치심을 느낀다. 문턱을 넘어서면서 각자에게 상대의 발가벗은 상태가 드러나자 갑자기, 난폭하게 그 욕망이 엄습해 그들을 혼란에 빠뜨리고 지치게 하는 것이다. 이제 그 수치심을, 우리 욕망의 성적인 부분에 대한 수치심을 받아들여야 할 것이다. 우선은 그것이 우리의 통제를 벗어나고, 우리의 지배력을 넘어서는 그대로. 모호하지 않은 문자로 몸에서 읽히는 그 그 자체로 받아들여야 한다. 타인의 눈길에서 직접적으로 읽을 수 있는 그 자체로. 불복종한 죄로 남자와 여자는 모든 의지에 반항하고 불복종하는 무엇이 될 그 성욕으로 처벌받은 것이다.

그들의 불복종을 후려치기 위해, 그들 안에서 신체적으로 정숙하지 못한 낯선 움직임이 생겨났고, 그것은 그들의 발가벗음을 단정치 못한 것으로 만들고, 그들에게 수치심을 가득 안겼다.[7]

밤은 보호도 하지만 감추면서 해방하기도 한다. 욕구들이 날카로워지고 깨어나는 순간이다. 처벌 없는 밤. 그때 벌어지는 일은 어느 정도까지 정말 존재했을까? 타르퀴니우스의 경우, 그의 몸이 맹수처럼 느릿느릿 젊은 유부녀의 침실까지 미끄러지듯 다가갈 때, 그의 죄를 보호하는 장치처럼 잔인한 불빛이 일렁인다. 내가 여기서 뭘 하고 있지? 어디를 가는 거지? 내게 무슨 일이 일어나고 있는 거지?

첫 장면. (실패한) 유혹. "나예요!" 그는 먼저 추파를 던지고 현혹하길 희망한다. 그래서 온갖 말을 하며 여러 방식으로 다양한 술수를 펼친다. 숱한 여자들이 나를 갈망하니, 내 몸을 내주는 건 거절할 수 없는 선물이다. 그는 임시변통으로 쾌락주의를 얘기한다. 여성의 정절은 다 허튼소리입니다. 기회가 없는 것뿐이지요. 그는 그녀가 넘어온다면 돈을, 미래의 보상을, 앞으로 있을 편의를 약속한다. 그리고 그녀에게 자신의 마음을 살펴보라고 청한다. 정말 솔직하게, 아내라는 그대의 굴레 너머로 우리의 욕망이 함께 전율하는 게 느껴지지 않소? 우리 두 몸의 자성磁性 띤 격정이? 그러니 거짓을 그만두시오.

그러나 아무 소용 없다. 루크레티아는 버티고, 약속된 쾌락에 빠져들길 거부하고, 그에게 자신의 덕성은 훼손될 테고, 남편은 배신당하게 되리라고 반박한다. 그러자 타르 퀴니우스는 마지막 카드를 꺼낸다. 으뜸패다. 오점 소지자 보다 오래 살아남아 모든 후손을 더럽히게 될 오점, 치명 적 수치로 협박한다. 그렇다면 좋소, 하지만 잘 생각해보 시오. 그대가 나를 거절하면 나는 그대를 죽이고, 또 노예 하나를 죽인 뒤 두 사람의 옷을 벗겨 시신들을 침대 속에 넣어두겠소. 그리고 사방에 이야기할 것이오. 둘이 오르가 슴에 빠져 있는 걸 내가 발견했고, 둘을 죽여서 내 친구를 대신해 복수했다고 외치겠소. 그러면 수치가 그대 뒤에 살 아남을 것이오.

그러자 루크레티아는 자포자기하고, 그가 성적으로 자 신을 소유하도록 내버려둔다. 그녀는 두려움 앞에서도 굴 복하지 않았고, 칼날 앞에서도, 폭력과 죽음의 위협 앞에 서도 굴복하지 않았다. 노출된 취약성과 지켜낸 존엄의 상 징인 그녀는 죽음보다 더 최악의 일처럼 보이는 것 앞에서 굴복한다. 살아남을 수치다. 이 이야기에서 하나의 구멍이 자 (한 번도 명확히 진술되지 않고, 한 번도 묘사되지 않은) 중심 공허는 강간 장면이다. 범죄적 욕망의 이전과 정당한 분노의 이후를 가르는 그 장면은 전율하는 기둥이다. 타르퀴니우스는 욕망을 채우고는 아주 이른 아침에 다시 떠나 주둔지로 돌아가서 아무 일도 없었던 것처럼 병사의 삶을 산다.

제3막. 루크레티아는 끔찍한 밤을 보내고 잠에서 깬다 (그러나 잠을 자긴 했을까?). 살아서도 죽은 그녀에게 낮의 빛은 상처가 된다. 그녀는 이제 한낱 그림자에 불과하다. 끈질긴 안개가 그녀와 그녀 자신 사이에 드리운다. 브리튼의 오페라에서 가장 가슴을 에는 순간이다.

루크레시아는 손에 든 단도를 숨긴 채 아버지와 남편을 부른다. 눈물로 움푹 패고 창백해진 그녀의 얼굴을 보고 그들은 질문을 쏟아낸다. 타르퀴니우스가 밤을 보냈다는 사실을 하녀들을 통해 알게 된 그들은 최악의 상황을 짐작한다. 그녀는 침묵으로 동의한다. 그들은 욕설을 내뱉으며 격분하고, 그녀를 안심시킨다. 당신은 아무 잘못 없어요. 협박 때문에 굴복한 거니까. 그들은 그녀의 의도를 앞질러 그녀의 영혼은 무고하니 아무 자책할 것 없다고 거듭 말한다.

그녀는 마침내 침묵을 깨고 자신의 의견을 말한다. "어떤 여자도 수치를 겪고 살아남아 감히 루크레티아의 본보기를 원용하는 일이 없기를!" 그녀는 수치심 때문에 죽는 것이 아니다. 오히려 죽는 것이 그녀에겐 수치를 죽이는 유일한 방법이었다.

———

루크레티아의 자살에 대한, 그리고 그 이유들, 더없이 객관적인 것부터 더없이 주관적인 것까지 여러 이유에 대한 탐색이 있었다.[8] 객관적 이유는 다른 남자와 강제로 성관계를 맺었으니 루크레티아는 더럽혀졌다는 것이다. 오염의 결과는 기계적이어서, 강간은 두 주인공을 같은 진흙탕 속으로 끌어들였고, 그녀는 영원히 더럽혀졌다.[9] 그녀가 죽을 수밖에 없는 건 강간으로 더럽혀져 남편에게 부정한 아내가 되어서이기도 하고, 죽음 뒤에 그녀를 정화해줄 복수를 부추기기 위해서이기도 하다.

주관적 이유는 그녀가 죽음으로써 끔찍한 강압을 입증하고, 그 행위가 얼마나 그녀에게 혐오감을 일으켰는지 극단적으로 보여줌으로써, 불륜의 밤으로 둔갑할 일을 앞질러 강간으로 고발했다는 것이다.

나는 그녀의 마지막 문장을 다시 떠올려본다. "어떤 여자도 수치를 겪고 살아남아 감히 루크레티아의 본보기를 원용하는 일이 없기를!" 따지고 보면 이것은 강간을 당한 모든 여성을 기만 혐의로 단죄하는 끔찍한 표현이다. 아우구스티누스는 이 로마 신화를 해석하며 어쩌면 더욱 무시무시한 가설을 시도한다(물론 그는 부인하지만, 물은 이미 엎질러졌다).

> 어쩌면 그녀는 죄의식을 느껴서 자결했는지 모른다. 어쩌면(그녀 마음속에서 일어난 일을 그녀 말고 누가 알까) 남몰래 관능적 쾌락에 휩쓸려 범죄에 동의했는지도, 그리고 자신의 잘못을 후회하고 속죄하기 위해 자살했는지도 모른다.[10]

루크레티아는 분명히 강제로 강간당했으나, 아우구스티누스는 그 비열한 행위 동안 그녀가 자신도 모르게 약간의 쾌락을 느꼈을지도 모르고, 그래서 나중에 자신을 벌한 건지도 모른다고 제안한다.

신화의 마지막 장면. 자랑스러운 로마인들은 루크레티아의 죽은 시신을 마주하고 복수하겠다고 서약한다. 그녀는 벌어진 상처 그대로 로마 포럼에 전시된다. 그것이 처음엔 대중의 저항을 불러일으키고, 곧이어 에트루리아 왕들의 도주를, 그리고 결국 한 공화국의 수립을 초래한다.

이 신화는 정치의 성적 계보를 제시하지만, 프로이트가 《토템과 터부》에서 내놓는 것과 상당히 다르다. 프로이트의 책에서 정치적 복종은 무리의 아버지를 죽인 형제들의 죄의식에서 나온다. 루크레티아의 신화는 수치를 통한 계보를 제시한다. 성의 완성은 결혼한 부부를 통해 표현되는데, 그것은 폴 벤느Paul Veyne가 환기하듯, 로마의 발명이다.[11] 이 신화의 정치적 의미는 보완성의 약속에 있다.

사私와 공公은 서로 지지하는 두 개의 공간이다. 인간이 필요한 평정심과 활력을 가지고 제 공적 역할들을 수행하려면 완벽하게 관리되는 가정에 기댈 수 있어야 한다. 이 신화는 공화국이 여성들에 의해 지탱됨을 말해준다. 그들의 정절, 그들의 다소곳함이 로마의 남성 시민에게 원기를 불어넣어 원로원이나 공공 집회에서 공공선을 지킬 수 있게 해준다. 만약 아내가 내밀한 가정에서 성적 문란의 죄를 범한다면 모든 체계가 무너진다.

루크레티아는 고대에서 가장 위대한 여성 영웅 가운데

한 사람으로 여겨지지만, 그 찬양은 불순하다. 남성과 여성에 고정된 자리와 보완적 의무를 맡김으로써 그 찬양은 이미 심각하게 젠더화되었다. 하지만 주된 빗장은 배우자의 성적 정조로 이루어졌다. 푸코의 주장에 따르면 도시에서 정치적 역할을 수행할 시민의 능력을 평가하기 위한 그리스식 질문은 이것이다. 그는 충실한가? 다시 말해 그는 자기 자신의 주인인가? 타인들을 다스린다고 주장하기에 앞서 자기 자신을 다스릴 수 있는가?

공화국을 보장하기 위한 라틴식 질문은 차라리 이러할 것이다. 그녀는 충실한가? 여성의 성생활이 남편의 정치적 완성을 보장한다. 남성에게는 정의를, 여성에게는 수치심을 안겨라. 그러면 공화국은 탄탄할 것이다.[12]

아이도스*

우리는 파렴치한 행동을 무엇으로 알아볼까? 조심성의 부재로 알아본다. 나는 나 자신을 과시한다. 나의 학위들, 나의 인성, 나의 성공, 나의 사생활, 내 몸을 과시한다. 나는 거리낌이 없다. 그와 반대로 수치심은 정지시키고 한계짓는 능력을 가리킬 수 있다. 우리는 **수치심** 때문에 악을 행하는 걸, 불의를 저지르는 걸 멈출 수 있을까? 이것이 아이도스Aïdôs라는 개념을 그 중심에 두는 그리스 윤리의 비밀이다.

수치심이 윤리의 기둥을 표상할 수 있다는 걸 오늘날 우리는 잘 상상하지 못한다. 그만큼 우리는 수치에서 무슨 수를 써서라도 **몰아내야** 할 쓴맛과 고통을 보는 데 길이 들

* 그리스 신화에 나오는 겸손과 수치(염치)의 여신이다.

었다. 그것은 치유해야 할 상처이고, 청산해야 할 독성이다. 수치를 뛰어넘고, 그 뿌리를 근절하는 것, 그것이 행복을 처방하는 이들이 정해두는 프로그램이다. 마치 니체가 《즐거운 학문》에서 정한 지평선이 우리의 중대한 윤리적 명령이 된 것처럼. "너는 어떤 자를 악하다고 부르는가? — 항상 남에게 수치를 주려는 자다. — 네게 가장 인간적인 행위란 무엇인가? — 누구도 수치스럽게 하지 않는 것. 무엇이 자유의 징표인가?? 더는 수치심을 느끼지 않는 것."[1] 오늘날 수치심은 무엇보다 영혼의 독으로, 탄성에너지에 중대한 장애물로, 행복의 최악의 적으로, 우리가 우리 자신이 되는 걸 가로막고, 우리가 온전히 피어나는 걸 가로막고, 삶의 정수와 타인들의 존재를 맛보지 못하게 가로막고, 자기 자신이 되는 걸 누리지 못하게 가로막는 것으로 규탄된다.

그렇지만 우리는 공자와 플라톤에게서(두 경우 각각 고유의 화법으로 정치와 윤리의 엄밀한 결합의 영적 토대를 제시하는데) 수치심을 관망의 태도, 더불어 살기, 행복 추구를 위한 중요한 윤리적 자질로 삼는 명백한 진술을 만날 수 있다.

법으로 이끌고 형벌로 통제하면 사람들은 어떻게든 법망을 빠져나가 형벌만 면하면 그뿐이라고 생각하지 수치심은 느끼지 못하게 됩니다. 그러나 덕으로 인도하고 예로써 다스리면 사람들은 수치심도 알고 스스로 마음을 올바르게 할 줄도 알게 되지요.[2]

수치심은 선한 인간을 인도하는 원칙이다.[3]

이 고대 지혜에서 도덕적 완결처럼 보이는 이 수치심이란 어떤 걸까?

우선 공자의 《논어》에 그려진 수치심의 얼굴을 볼 수 있는데, 《논어》에 대해서는 이토록 작은 책이 이토록 긴 시간 동안, 이토록 방대한 인구에, 이토록 강력한 영향을 미친 적이 없었다고 말할 수 있겠다.[4] 그러나 헤겔은 이 대담집의 무미건조함을 비난했다. 그는 공자가 한 "평범한" 말이 맑은 물의 투명성을 (그리고 깊이를) 담고 있음을 알지 못했다. 빛나는 지성을 자극할 어떤 맛깔난 역설도 맛보지 못했다. 정교한 분별력을 자극할 어떤 비의적 표현도 보지 못했다. 많은 진술이 밋밋하다. 그 밋밋함은 현기증이 날 정도이다. 그런데 그 "말씀" 전체가 오직 한 가지 목표를 향한다. 인간의 덕성들을 (세세히 밝혀) 자극하고, 그 덕성들을 연마하면 조화로운 도시를 이룩하게 되리라는 것이다(사회질서는 공고해지고, 행복을 공유하게 되리라는 것이다)[5].

타인들과의 관계에서 우리는 동시대인들과 조상들과의 지속적인 관계를 잇는 연민을 강요할 것이다. 연민은 진정성과 정의를 타인에 대한 의무처럼 강요한다. 그것은 무한히 빚진 감정을 자양분으로 취한다. 그것은 개방의 미덕이다. 타인이 우리에게 준 것을 그에게 돌려줄 준비가 되어 있으면서, 그로부터 여전히 받을 준비도 되어 있는, 다시 말해 윤리적 교차점이 될 준비가 되어 있다.

규율과의 관계에서 관건은 **공손해지는** 것이다. 존중하되 환상이 없어야 한다. 의식儀式들을 따르되 위선이 없어야 한다. 공경은 자신의 몸짓이 질서를 낳는다는 달콤한 확신을 품고 법과 관습을 준수하는 마음가짐이다.

마지막으로, 자신과의 관계에서는 자신을 너무 과신하지 않도록 겸손이 요구된다. 말소의 미덕. 자신하지 말 것. 도의에서 영웅은 없다.

인간의 이 세 가지 덕목은 한 가지 동일한 기본 음조를 공유한다. 움츠림, 조심성, 신중함···. 이것이 수치심의 동양적 의미다. 그것은 다른 여러 덕목 가운데 하나라기보다는 모든 덕목을 지지하는, 아니 그보다는 모든 덕목을 제 본성 안에 붙들어두는, 그것들이 과장으로 왜곡되지 않도록 막는 하나의 원칙이다. 지나친 너그러움은 무책임한 낭비가 되고, 과장된 진정성은 정숙하지 못한 방탕이 되고, 과도한 공손은 위선적인 형식이 된다.

수치심은 각각의 윤리적 힘을 제 고유의 본질 속에 지켜준다. 역효과를 내는 열광을, 쓸데없는 과시를 피하도록. 우리의 행동 하나하나는 제 능력 안에서 가볍게, 그리고 항시 행해져야 한다. 약간의 정신적 힘을 항상 비축해두기 위해, 우리가 최적의 분배를 위해 활력과 격노를 억누르듯이. 수치심은 윤리적 경제의 원리다. 그것은 도덕의 지속적인 저음부다. 그것은 어떤 한계를 도드라지게 하고 쇄도건, 위반이건, 무엇이건 가로막는다. 이를테면 공자는 말한다. "군자는 말을 하기 전에 그 말을 실행한다."[6] 지혜로운 이는 연막 같은 요란한 선언 속에 빠지길 피하며 말로 하는 홍보보다 구체적 행동에 더 힘을 쏟는다. 그래서 "그의 행동이 그의 가르침보다 위에 있다."[7]

도덕적 추락이란 자기 자신을 과신하는 것이다. 이 자만은 한계 없는 그늘의 세계를 연다. 허영심, 착각, 말과 행동 사이의, 원칙과 행동 사이의 괴리 등. 현자는 자기 덕성 한가운데 아주 촘촘한 수치심의 용수철을 둔다. 그 덕성들이 제 존재의 진가를 평가하도록. 동양적 사고에서 조심성이 차지하는 윤리적 특권이 그렇다고 어떤 내밀함과 비밀의 영역을 드러내지는 않는다. 관건은 두 외양 사이에서 선별하는 일이다. 허풍과 거드름이라는 피상적인 가짜 외양과, 행해진 구체적 행동이라는, 말없이 효과적이며 충만한 외양. 수치심은 행동하겠다고 떠벌리기보다는 행동하게 만든다. 수치심은 실제로 공정하고 공손하고 진지해지게 한다. 우리가 그런 사람이라는 걸 알게 하려고 지치도록 애쓰기보다는.

———

공자가 신중함이라는 용어로 말한 것은 플라톤에게서 두려움이라는 말로 다시 연주된다. 화법은 두 가지이지만 기억해야 할 것은 여전히 수치심이다. 플라톤의 길 위에서 나는 두 가지 이미지와 두 가지 진술을 제안한다.

《프로타고라스》에서 우리는 정치의 창조 신화를 읽을 수 있다. 가진 것 없이 태어난 인간은 자연의 혹독함과 대적할 수 있도록 프로메테우스로부터 불을 선물받았다. 그러나 곧 두 번째 도전이 나타난다. 인류를 끝없고 치명적인 언쟁으로 내몰 위험이 있는 내적 대립에서 살아남아야 한다는 것. 그에 대한 대책으로, 제우스는 종의 종말을 막기 위해 헤르메스를 통해 모든 남녀에게 수치심(아이도스 aïdôs)과 정의(디케 dikê[8])를 분배한다.

《향연》에서 표명한 사랑에 관한 담론에서 파이드로스는 완벽한 군대를 상상한다.[9] 불굴의 보병 부대를 조직하고 싶다면 연인들을 함께 싸우게 하라. 그들은 엄청난 용기를 보이며 혼전 속으로 달려들 것이고, 사랑하는 사람의 눈길 아래 조금이라도 비겁함을 드러낸다면 수치심을 느낄 것이다. 플라톤은 이 호전적 꿈을 펼치면서 파이드로스를 통해 이렇게 말한다. "(선한 인간)을 인도하는 원칙은 무엇일까? 추한 행동과 연계된 수치심, 그리고 아름다운 행동과 연계된 명예 추구다."(178c-d)

젊은 시절의 대화편인 《카르미데스》에서는 이런 글을 읽을 수 있다. "우리가 수치심을 느끼게 되는 건 지혜를 통해서다." 그리고 노년의 마지막 대화편인 《법률》에서는 이런 글을 만난다. "사람들이 우리를 나쁘다고 판단한다고 생각될 때, 우리가 부적절한 무언가를 행하거나 말할 때, 우리는 종종 여론을 겁내는데, 모두 그 두려움을 '수치심'이라 부른다."

플라톤은 수치심에 많은 힘을 부여한다. 그것이 함께 살아가기를 가능하게 만들고《프로타고라스》), 지혜를 요약하고(《카르미데스》), 용기를 준다고《향연》) 말한다. 수치심은 일종의 두려움처럼 제시되지만, 구체적 위험 앞에서 우리를 사로잡는 그런 두려움이 아니다. 그것은 차라리 우리의 공적 이미지를 변질시킬 수 있을 무엇 앞에서 느끼는 두려움이다. 내가 이것 혹은 저것을 한다면, 사람들이 나에 대해 뭐라고 말할까? 이 두려움은 비겁함에 근거한 것이 아니다. 비록 그것이 비겁함처럼 제지하고 가로막긴 해도. 그것은 선행적이다. 그래서 윤리적 수치심은 언제나 조건법 시제로 활용된다. 아닙니다, 저는 거부하겠습니다. 만약 그랬다간 너무 수치스러울 것 같아서…. 수치심-강박관념, 수치심에 대한 수치심. 나는 그로 인한 실질적 상처를 입지 않기 위해 그걸 미리 상상한다. 나는 그런 결정에 이어질 불신을, 그런 행위가 표상할 불명예를 상상해보고, 그 이미지에 영향받는다. 우리는 타인들의 눈길 아래 환상적으로 자신을 투사하고, 그 투사로 우리는 도덕적 장벽을 세운다.

———

이 수치심의 윤리는 죄의 도덕 앞에서 크게 신용을 잃었다. 정기적으로 교대되는 세 가지 비난을 여기 적어본다.

첫째 비난은, 이미 언급했지만, 타인들의 견해에 대한 집착의 순응주의적 경향을 단죄하는 것이다. "선"은 사회적으로 가치 있는 것으로 엄밀하게 규정되었다. 그래서 덕성의 실행은 관습의 존중과 혼동된다. 우리는 사람들 앞에서 손으로 코를 푸는 걸 망설일 때와 같은 이유로 이웃을 죽이는 것도 주저한다. 해서는 안 되는 일이기 때문이다.

두 번째 비난은 미학적 경향을 고발하는 것이다. 도덕적 선택을 주도하는 생각의 경험(만약 그랬다간 내가 어떻게 비칠까?)은 내가 보여주게 될지 모를 **광경**이 내게 규칙 역할을 하도록 부추긴다. 플라톤은 말했다. 수치심은 추하고 볼품없는 행위와 연계되고, 자긍심은 훌륭한 행위와 연계된다.[10] 그런데 자신을 좋게 보이려 하고, 감탄을 받고 싶어 하고, 미학적 기준들에 굴복하는 것이 정말 도덕에 속하는 일일까? 우리가 나르시시즘으로, 댄디즘으로 덕망 있는 사람이 되는 걸까?

마지막 비난은 이 윤리적 수치심에서 쉽게 끌어내는 굴욕의 교육법에 있다. 어쨌든 제대로 준비되어 기억에 남을 만한 공개적 처벌이 수치심의 성공적인 접목을 가능케 하리라고 논리적으로 생각할 수 있기 때문이다. 자신의 악행을 치욕스러운 모욕과 연결 지을 문제의 난봉꾼에게도, 동일한 운명을 겪고 싶지 않을 관객들에게도. 이 "교육적" 실행은 카를 필리프 모리츠(《안톤 라이저》, 1785[11])부터 발자크(《루이 랑베르》, 1832)를 거쳐 토마스 베른하르트(《원인》, 1975[12])에 이르기까지 이 작가들의 냉랭한 이야기의 대상이 되었다. 이 통과의례 같은 소설들은 금세 근거 없고 부당하며 지독히 잔인한 것으로 느껴지는 그 상징적 타락이 유용하게 "교화"하기는커녕 관객들에게는 잔인한 기쁨을 고취하면서 결국 희생자들을 얼마나 단련시키는지 잘 보여준다. 수모로는 결코 덕성을 낳지 못한다.

그렇다면 이 수치심의 윤리를 역사의 지하감옥에 던져버려야 할까? 그러나 그 윤리는 "몰염치한"이라는 형용사에 여전히 붙들려 있고, 우리는 "이젠 부끄러운 줄도 모르는군!" 라고 한탄하며 줄곧 은밀히 이 수치심의 윤리를 아쉬워한다.

나는 위에서 열거한 비난들이 그리스 윤리의 퇴폐적 버전 혹은 적어도 변질된 버전들에 기대고 있다고 말하겠다. 이미 그것들은 내면/외면이라는 쌍형어로부터 작동한다. 마치 죄의식은 영혼 깊이 깃드는 특권을 지녔는데, 반면에 수치심은 그저 규칙을 지키며 규범에 맞추려는 피상적인 욕망과만 결합할 수 있는 듯 보인다. 이를테면 우리는 "죄진"의 반대말이 "무고한"인 데 반해, "수치스러운"의 반대말이 "몰염치한"*이라는 사실을 잊는다. 그러므로 윤리적 긍정성의 중심은 전자의 말(수치스러운) 쪽에 있다.

이 비판들은 무엇보다 이 도덕적 명제들이 지닌 핵심을 비껴간다. 바로 상상력 넘치는 역학과 특출한 증인 호출

---

* '몰염치한'에 해당하는 프랑스어 "éhonté"는 '수치심을 잃은'의 의미다.

이다. 나는 나 자신을 투사하고, 앞질러 시각화하며, 예상한다. 상상은 주문을 따르고, 어떻게 보일까 하는 두려움을 키우고, 이미지들로 조건법을 채운다. 만약 …라면 난 너무 수치스러울 거야. 하지만 누구 앞에서 그럴까? 꼭 사회 전체나 일반 대중 앞에서는 아니다. 나는 어떤 누군가가 놀라서 나에 대해 어떻게 생각할지 상상한다. 어떤 다른 사람이 실망해서 뭐라고 말할지 상상한다. 제3자의 엄한 눈길을 내면으로 투사한다. 자격 갖춘 그 모든 증인, 인정받는 친구들, 인물들이 중요하다. 우리가 존중하고 존경하는 사람들 앞에서 느낄 수치심만이 가치를 갖는다. 선택받은 소수이지 "모든 타인"이 아니다. 아리스토텔레스의 말에 따르면 우정은 드물고("아, 나의 친구들이여, 도무지 친구가 없네"[13]), 가치 공유를 가정하며, 저마다 스스로 연마하려고 애쓰는 원칙들에 대한 존중을 친구에게서 보고 싶어 함으로써 자신의 선택들을 높이 평가하게 해준다. 수치심에 대해 상상의 경험을 하는 순간에 드는 의문은 이것이다. 만약 그저 투사일지언정 나 스스로 그런 행동을, 그런 행위를 허용한다면 나의 절친한 친구의 경멸을 견딜 준비가 되어 있나? 그건 곧 나 스스로 나 자신을 경멸한다는 의미가 될 텐데?

알키비아데스. 너무도 아름답고, 너무 야심 많고, 너무 격렬한 이 청년은 허세가 심하고 대담하다. 똑똑한 정치인이요, 무모한 병사인 그는 온 아테네를 홀리고, 성공에 성공을 거듭하고, 정복과 도발, 양심과의 타협을 이어간다. 그 무엇도 그에게 맞서지 못하는데, 그는 다만 소크라테스 앞에서 떤다.

아무도 내가 느끼리라 생각하지 못할 감정을, 그러니까 어떤 사람 앞에 섰을 때 느끼는 수치심을 나는 다른 누구 앞에서도 느끼지 못했는데, 오직 이분 앞에서만 느낀다네. 그건 내가 이분의 말씀을 논박할 수도 없고, 이분의 말씀대로 해야 한다는 것을 부인할 수 없으면서도 이분 곁을 떠나기만 하면 대중의 인기에 연연하게 되리라는 것을 잘 알고 있기 때문이라네. 그래서 나는 도망치는 노예처럼 이분 앞에서 달아나면서도 이분만 보면 내가 전에 타협한 것들 때문에 수치심을 느낀다네.[14]

윤리적 수치심은 상상력으로 지지되는 생각의 경험을

먹고 자라는 자가-정서다. (나를 잠식하고 관통하고 짓누르는 슬픈 연민 같은) 감정도 아니고, (내가 겪은 경험을 동원해 지휘하는 능동적, 도덕적 기질 같은) 덕성도 아니다. 아이도스는 자가-정서다. 나는 나 자신과 윤리적 관계를 구축하기 위해 정기적 훈련으로 내 안에 그것을 기르고, 반복된 정신적 경험으로 양분을 댄다.

철학적 수치심 주기

우리가 선과 맺는 관계를 조절하는 수치심은 우리가 진실과 맺는 관계도 어느 정도로 조절할 수 있을까? 현자는 가상의 투사로 자기 자신에게 "수치심을 안기라"고 촉구하고(현자의 윤리 구조로, 정신적 수련으로 작동하는 아이도스), 철학자는 그보다는 제자나 상대를 도발함으로써 타자에게 "수치심 주기"를 꾀한다.

프란치스코 교황은 여러 차례 강론에서 "수치심의 은총"[1]을 언급했다. 희한한 표현이다. 우리가 수치심에서 대개 온갖 부당한 슬픔을, 거의 심적 재앙을, 정신적 독을 보기를 좋아하니 말이다. 수치심을 은총으로, 신의 선물로 여기는 건 잔인한 신을 가정하는 경우가 아니라면 너무 지나쳐 보인다. 이 표현의 맥락이 그 의미를 드러내주는데, 바로 고해요, 내적 성찰이라는 게 그 맥락이다. 성찰에는 통찰력과 진정성이 요구되며, 무엇보다 자기만족의 완벽한 부재가 요구된다. 우리는 타인들에게 알려야 할 경우라면 특히나 수치심을 면하기 위해, 자기 양심의 일부 어두운 굴곡(추한 동기, 비열한 욕망, 그리 명예롭지 못한 기억들)과 거리를 두고 싶어 한다. 그러나 이 회피로 우리는 자기 쳇바퀴에 갇혀 있게 된다.

기독교 양심의 길잡이인 고해 신부들은 예전에 하기 힘든 고해에 앞서 보이는 수치심의 기호들이 얼마나 중요한지 힘주어 말했다. 그럴 때는 세심히 주의를 기울여 어떤 당혹감(얼굴을 붉히는)으로, 무거운 침묵으로 예고되는 진실의 부화를 도와야 했다.[2] 수치심은 언제나 모호하다. 사실 그것은 명백히 구분되는 두 가지 어려움을 감추고 있다. 말하기 전의 두려움과 말하는 순간의 고통이다. 그것은 저주받은 진실들의 두 가지 측면 위에 놓여 있다. 수치심은 진실들을 말하지 않도록 억제하는 무엇이다(억압의 힘). 진실을 말하는 자가 빠지게 되는 상태다(고통스러운 노출). 신에게 수치심을 은총처럼 청하는 건(주여, 제게 수치심을 주소서!) 한층 더 멀리 나아가는 것이다. 수치심의 끝까지 가려면 힘이 필요하며, 이 번뇌 어린 행보가 타협 없이 이루어진다면 정화의 과정이 되리라고 생각할 수 있다. 수치심을 대면하려는 선택은 내적 변화의 결심을 가져다준다. 그러나 수치심은 은총처럼 보일 수 있을지 몰라도, 자신에게서 온갖 형태의 자기만족을 도려내기란 정말 어렵다. 우리는 딱히 수치스럽지 않은 무엇을 털어놓을 욕구는 느끼지 못한다. 스스로 변명을 찾아 이미 자기 양심과 타협했기 때문이다. 우리는 너무도 과소평가하려는 경향이 있으니("뭐 그렇게 심각하지 않아"), 그럴 때 외적 도움이 필요하다. 정화의 힘을 지닌 숭고한 수치심은 내가 가벼운 죄들 속에 밀어넣을 수 있었던 것을 수치스럽게 여기게 해주고, 나를 영적 변화의 길 위에 세워준다.

프로이트는 좀 더 세속적이지만 여전히 집요한 방식을 보였는데, 어느 날 분석을 하던 도중에 머릿속에서 일어난 생각을 수치심 때문에 억누르고 말하지 않겠다고 고백한 테오도르 라이크에게 이렇게 말한 것이다. "수치심은 갖되, 말해!"[3] 우리는 정신분석의 "기본 규칙"을 안다. "무의식적으로" 떠오르는 표상과 이미지와 생각을 너무도 엉뚱하거나 부적절해 보일지라도 검열하지 않고 소리 내어 진술하는 것이다. 이때 수치심은 오히려 좋은 징후이다. 우리가 말할 때 자신의 얼굴이 붉어짐을 느낀다는 건 감춰진 자신에 다가간다는, 금지된 진실과 접촉한다는 의미다. 그래서 얼굴이 화끈거리는 것이다.

———

정신분석의 "기본 규칙"보다 훨씬 앞서, 기독교의 내적 시험보다 훨씬 앞서, 철학은 소크라테스식 발명의 순간에, 정화하는 수치심의 유일하고 확고한 본보기를 제시해 진실 고백과 수치심 사이의 굳건한 관계를 일찍이 구축한 바 있다. 물론 플라톤의 대화에서는 수치심이 진실에 대한 진지한 탐색을 가로막는 장애물처럼 제시된 몇몇 구절을 만날 수 있다. 소크라테스의 설전이 공개적으로 이루어졌다는 사실을 잊지 말자. "관객"의 존재는 소크라테스의 대화 상대가 오늘날 같으면 정치적으로 올바르지 않다고 말할 신념들을 표현하지 못하게 억압한다. 대화상대는 관객에게 충격을 주지 않기 위해 막연한 일반적 사실들, 합의된 사실들만 언급하는 편을 택한다. 《고르기아스》에서 소크라테스가 함께 수사학을 정의하고 싶어서 묻는 질문에 대답하는 두 소피스트(폴로스와 고르기아스)의 경우가 그렇다.

그들은 감히 자신들의 생각을 끝까지 밀어붙이지 못한다. 좋은 수사학자는 도덕을 완전히 버릴 수 있고(버려야 하고), 논증을 펼치는 순간에는 참이든 거짓이든, 비천한 것이든 숭고한 것이든 옹호할 준비가 된 태도를 보여야 한다는 생각을 감히 밀어붙이지 못하는 것이다. 칼리클레스가 발언 기회를 잡아 수사학이란 강력한 목적을 위해 언어라는 수단을 사용할 줄 아는 기술일 뿐이라고 거리낌 없이 말하자, 소크라테스는 수준에 맞는 대화상대를 발견한 것에 감탄한다. 자네는 적어도 자신의 생각을 말하는 걸 부끄러워하지 않고, 솔직하게 말하고parrêsia, 사회 관습을 끌어안지 않으며, 거짓된 수줍음을 갖고 있지 않더군. 드디어 그대와 토론을 할 수 있겠네.[4]

그러나 그것은 관례적 신중함 정도로 수치심의 미약한 의미에 불과하다. 철학적 대화라는 범주 속에서 온 힘을 다해 "사실은 아무것도 주장하지 않으면서 무언가를 주장한다고 믿는 사람에게 질문을 던져야"[5] 한다. 소크라테스는 반박하고(elegkhein: 토론하다, 반론하다, 수정하다), 질문들로 상대를 압박하고, 상대를 궁지로 몰아 상대가 **스스로 생각하는 것을 어느 정도까지 생각하는지, 그가 아는 것을 어디**

까지 아는지 자문하게 만든다. 철학은 이런 시험에 부치는 일이다. 네 생각이 암송이 아니라는 걸 내게 입증해봐, 네 신념이 네 가족이나 친구들이 쌓은 퇴적층이 아니라는 걸, 네 판단이 기계적인 반응이 아니라는 걸, 그것들이 네 고유의 논거에 뿌리내린, 네 영혼의 것임을 내게 입증해봐.

소크라테스는 더 명료하게 밝히라는 끈질긴 요구로 대화상대를 괴롭히고 필연적으로 궁핍하고 난감한 지점으로 내몰아 질문받은 자를 수치심에 빠지게 만든다. 상대는 자기 자신의 모순을 마주하고, 자신이 한 말에 얻어맞고 결국 "자기 자신에게 화가 난다".[6] 그것이 첫 신호다. 자신에 대한 분노는 실망을 증언한다. 곧 수치심이 찾아온다. 구원하고 정화해주는 수치심이다. 사회나 가족의 진실의 깃발을, 학교의 사이비-지식의 깃발을 벗고서 자신의 영혼이 모든 이의 눈앞에 발가벗겨진 데서 오는 수치심이다. 이럴 때 영혼은 자유로워지고, 공인된 의견과 위선의 신념들로 뒤섞인 선입관들에서 해방된다. "우리는 반박을 통해 영혼이 스스로에 대해 수치심을 느끼게 하고, 앎을 가로막는 견해들을 떨어낸다. 그렇게 영혼은 정화된다."[7]

철학의 본래 기능은 수치심을 안기는 것이다. 그러나 관건은 무지에 창피를 주는 것이 아니다(이는 학문적 과시라는 굴욕적이고 유치하며 위험한 죄다). 무지는 거의 축복을 의미한다. 투명하고 유순하며, 아직 억견의 진흙층에 뒤덮이지 않았고, 아직 느려지지도 않았고, 유행하는 확신들의 무게에 짓눌리지도 않았으며, 아직 훼손되지 않은 자기 자산을 탐험하고 거기서 천부의 진리들을 끌어낼 수 있을 만큼 상당히 가볍고 생생한 영혼을 뜻한다.

철학은 도발적인 반전을 통해 우리가 자신의 무지를 자랑스럽게 여길 수 있고, 자신의 지식을 수치스러워할 수 있다고 주장한다.

소크라테스의 숨은 전언은 이것이다. 나는 내가 아무것도 알지 못한다는 걸 안다. 진실의 반대는 오류가 아니라 검토 없이 받아들인 견해다. 진짜 적은 기계적으로 받아들이는 신념들이다. 소크라테스는 앎을 자신하는 오만을, 사회적 안락에 대한 확신을 모욕한다. 철학이 수치심을 안긴다면 그건 철학이 그 피상적인 지식을 살포해 영혼을 관통하고, 발가벗기고, 박탈하고, 화나게 하고, 노출하기 때문이다. 이 실행은 위험하다. 소크라테스는 너무 오랫동안 너무 많은 이들과 이걸 실행하고는 결국 아테네에서 죽게 되지 않았나. 거들먹거리는 정치인들, 거만한 법관들, 건방진 예술가들, 그들은 대중 앞에서 영혼이 발가벗겨지는 걸 견디지 못했다.

무의식, 전이, 징후가 무엇인지 배우고, 상징계와 상상계에 관해 축적할 논문들을 수집하려고 자크 라캉을 찾아와 그의 말에 귀 기울이던 지망자들, 지원자들, 미래의 분석가들을 대하던 라캉의 태도에서 나는 소크라테스식 수치심 안기기의 계승을 발견한다. 그렇다. 라캉은 그들에게 수치심을 안긴다. 더구나 그의《세미나》를 읽은 경험은, 솔직히 말하자면, 대단히 짜증 난다. 마치 모래를 두 손 가득 쥐는 기분이다. 모래알이 손가락 사이로 흘러내리는 게 느껴지고, 몇 쪽 읽고 나도 이내 손바닥은 절망적으로 텅 비게 된다. 라캉은 문장들을 난감하게 구성하고(라캉은 명제처럼 보이는 진술마다 그 문장의 의미를 파괴하는 삽입절을 잔뜩 붙이며 마치 이렇게 속삭이는 듯 보인다. "이 반대가 아니라면.") 거대한 수치 안기기가 기획되는데, 거기서 무사히 빠져나오는 건 난해한 주문에서 영감을 받은 듯한 표정으로 으스대는 거만한 자들뿐이다(안타깝게도 이런 자들은 많다). 라캉은 사실 이런 말을 하는 것이다. 당신이 무언가를 이해했다고 생각한다면 완전히 헛다리를 짚은 겁니다. 내가 여기서 무언가에 쓰인다면, 무엇보다 당신을 그 알맹이 없는 지식에서 빼내는 데 쓰인다. 더구나 당신이 내게서 끌어내겠다고 주장하는 그 알맹이 없는 지식에서! 《세미나》를 읽고 나서 이렇게 말하는 것보다 더 최악은 없을 것이다. "됐어. 난 이해했어. 내 회색 노트에 공식을 적었어. 다른 사람들에게 암송할 수 있도록 이제 그걸 외우기만 하면 돼. 이렇게 한 가지 더 배웠으니, 이제 나는 어제보다 더 많은 걸 알게 되었어."

여러분이 이곳에 자리한 것에 좀 덜 상스러운 이유가 있다면, (…) 그건 너무 지나치게는 말고 딱 충분하게 내가 여러분에게 수치심을 안긴다는 것이지요.[8]

각 사람을 억견 직전에 붙들어주는 것이 수치심이다. 무지보다 훨씬 위험하고 훨씬 해로운 것이 있는데, 그건 바로 안다고 믿는 것이다. 철학이 수치 안기기의 시도로 이해되는 건 그것이 우리가 어리석음과 영적 저속함에 빠지지 않도록 (조금은) 막아주기 때문이다. 악의 평범성은 안다고 믿고서 타인들에게 그 지식을 강요하길 즐기고, 더 많이 안다고 뻐기며 거기서 경멸의 이유를 찾는 어리석은 자만에, 자신의 학위를 뻐기며 타인들을 모욕하려는 욕망에 있다.

철학은 진실의 테러리스트들에게 수치심을 안기는 것 이외에 어떤 다른 기능도, 어떤 다른 공적 효용성도 갖고 있지 않다.

전미래*

괴롭힘, 강간, 고문, 근친상간, 죽음의 수용소 같은 극한의 상황에서 살아남으면 거기서 돌아와도 수치심은 낙인처럼 남는다.

생존자들은 왠지 거슬리고 불안을 안기는데, 어쩌면 그들이 무사한 사람들의 소화를 방해하기 때문인지도 모른다. 그러나 그렇게 느끼는 사람들이야말로 진짜 수치다.

비르지니 데팡트는 여전히 성가신 도발과 거친 감정을 담아 이렇게 쓴다. 어린 여자가 강간을 겪고 살아남는다는 건 언제나 석연찮다. 그 애는 결국 **어디선가는** 쾌락을 맛본 게 틀림없다.[1] 그녀가 그만큼 저항했을까? 장미셸 쇼몽이

---

* 프랑스어에서 전미래는 미래의 어느 시점보다 앞선 시제를, 완료 형태의 미래를 표현한다.

1945년 벨기에 공산당의 생존자들에 대한 냉혹한 조사에서 이야기하듯이[2] 고문을 겪고도 죽지 않은 사람들도 그와 똑같이 불쾌한 의심을 견뎌야 했다. 고약한 이유로 살아남은 건 아닐까? 어떤 남성이나 여성이, **아직 살아 있으니**, 무언가를 털어놓고 목숨을 구하지 않았다는 사실을 정말 배제할 수 있을까?

프리모 레비는 죽음의 수용소에서 살아남은 자들이 해방 후에 어떻게 기이하고 막연한 수치심을 느꼈는지 묘사했다. 그 수치심은 음험한 불안, 끝을 모를 거북함의 형태로 나타났다. 그는《가라앉은 자와 구조된 자》[3]의 한 장에서 우리에게 준거로 쓰일 수치심의 여러 얼굴을 제시하는데, 뒤늦은 수치심, "왜 나일까?"라는 수치심, 그리고 세상에 대한 수치심이다.

1945년 1월 27일 소련군에 의해 아우슈비츠 수용소가 해방된 날이 그에게는 강렬한 환희의 순간이 되지 못했다. 아니면 아주 조금 그랬거나. 그것은 불안과 걱정의 복귀를 의미했다. 가족, 친지들이 어떻게 되었는지 생각하고, 고향의 사회적, 정치적 상황이 어떤지 알아보는 시간이었다. 그들은 모두 어떻게 되었을까? 어디에 있을까? 몇 달, 몇 년 동안 집단수용소 수감자들은 가족도 조국도 없이 살았다. 그저 몸뚱아리 하나를 보존하고, 번식하고, 허기와 추위와 쏟아지는 구타로부터 보호하고, 피로를 이기고 버텨내고, 피할 길 없는 임박한 죽음의 순간을 죽을힘을 다해 뒤로 물러나게 해야만 했다. 풀려나서 귀환을 준비하는 건 삶에 뛰어든 남녀들의 근심을 되찾는 일이었고, 세상의 온갖 책임이 어깨를 무겁게 짓누르는 걸 다시 느끼는 일이었다.

뒤늦은 수치심은 무엇보다 프리모 레비에게는 집단수용소의 생활조건을 떠올리는 것이었다. 고대 그리스인들은 조에zoé와 비오스bios를 구분했다. 비오스는 하나의 지위, 환경, 삶의 선택, 업무, 비망록으로 구성되고 규정되는 삶이다. 문제는 그 삶에 형태를 부여하는 것이다. 조에는 우리 안에서 순수히 생물학적인 것, 세포의 재생과 관계된 무엇이다. 집요한 생명의 내재성의 해변, "벌거벗은 생명"[4]이다. 수용소의 삶에서 관건은 오직 이것이다. 죽지 않기 위해 힘을 충분히 회복하는 것. 증강된 개념의 범주로 들어서게 하는 (니체의 초인surpouvoir, 마르크스의 잉여노동surtravail이나 잉여가치surpouvoir, 푸코의 초권력surpouvoir과 초지식sursavoir처럼) 역설적인 접두사 "초(sur)"와 더불어.

여기서 '초'는 '아래'다. 표면에 겨우 떠서 살아남는다고 말할 때의 의미다. 가라앉지 않기 위해 헤엄치는 자는 살아남는다. 죽지 않을 정도로만 사는 자는 생존한다.

아우슈비츠에서 살아남는다는 건 목숨과 연계된 구차한 이기심을 강요하는 매순간의 노력이다. 그곳에서는 존중, 연민, 이웃을 향한 배려와 관계된 모든 것이 위태로워진다고, 프리모 레비는 쓴다. 도덕 규범은 무용할 뿐 아니라 유해하고 해로운 사치처럼 보인다.* 알랭의 도발적인 발언은 그 사실을 잔인하도록 강렬하게 예시한다. "도덕은 부자들에게나 좋은 것이다."5 죽지 않으려는 맹렬한 열정은 모든 걸 몰수하고, 수치심의 부재까지 낳는데, 그것은 타인에 대한 멸시가 아니라, 생존의 이기심에 토대를 둔 것이다. 앞에서 말한(아이도스), 사회적 조절장치인 윤리적 수치심은 삶과 관계된 것이지 결코 생존과 관계된 것이 아니다. 혹여 그것이 공통 도덕 법규를 자신들의 야심을 닦는 깔개쯤으로 여기는 침울한 냉소주의자들에게는 무시

* 에밀-오귀스트 샤르티에, 알랭이라는 필명으로 널리 알려진 프랑스의 철학자이자 평론가.

당해도(게다가 그들은 도덕 같은 건 가난한 자들에게나 좋은 것이라고 생각할 것이다) 생존자에게는 위험한 사치처럼 보인다. 사건 이후에 프리모 레비는 생각한다. 내가 어떻게 그렇게 행동할 수 있었을까? 어떻게 "인간성"의 소위 기본 규칙조차 저버린 채 그토록 괄시당하고, 그토록 짐승처럼 살 수 있었을까? 저 학살자들이 나를 무엇으로 만들어놓았나? 회고적 수치심이다.

———

뒤늦은 수치심은 정신분석가들에게는 명확하고 고통스러운 임상적 의미를 지닌다. 경악할 성희롱과 성폭행에 희생된 어린아이들은 뒤늦게 사춘기에 이르러 고뇌와 망연자실, 고독과 몰이해의 순간에 예전에 겪은 행위를 성적 의미와 결부시킨다. 그리고 뒤늦게 수치심을 느낀다. 희생자는 한참 지나서 불안한 거북스러움을 느끼면서 그 뿌리를 잘 알지는 못한다. 트라우마가 된 장면들을 다시 떠올리지 않는 한.

사후 구성은 심리구조의 비선형성을 증언한다. 자신의 구성력에 대한 의식으로 무장한 현상학자만이 점유(나는 과거의 기억이 있다)와 관심(나는 현재에 집중한다)과 예상(나는 미래의 계획을 품고 있다)을 쉽게 구분하는 것이 가능하다. 무의식에 대한 가설은 우리의 정신적 삶에 주름들, 역행 가능성, 정지 지점들을 가정한다. 모든 것은 연이은 시퀀스의 전개에 따라 질서정연한 시간적 화살에 따라 펼쳐지지 않는다. 현재는 과거 속에 고요히 쌓이는데, 미래는 옛 표상들에 들러붙을 새로운 표상들을 제공한다.

정신적 외상 이후는 전미래 형태로 얘기된다. 나는 근친 상간의 희생자가 **되어 있을** 테고, 강간**당해 있을** 것이다. 사건의 등재는 사건이 일어나는 순간에 이루어지지 않고, 나중에, 내가 그걸 이해할 때, 이야기 속에 그걸 표현하고, 그것에 의미를 부여할 때 이루어진다.

전미래는 어긋난 실현의 시간이다(나중에 닥치는 과거, 미리 기록되는 미래). 이를테면 그것은 약속의 시간이다. "내일, 나는 거기에 참가한다. 이 일을 끝내고 나면." 오늘 나는 내일이 마치 이미 이루어진 것처럼 말하고, 다가올 사건에 과거가 갖는 바위 같은 견고함을 부여한다. 그것은 또한 때때로 환상에서 깨어나는, 혼란스러운 욕망, 광적인 욕구들을 어둠 속으로 돌려보내는 회고적 확인의 시간이기도 하다. 그것은 기도 가운데 이루어지는 고결한 체념의 명철한 시간이다. 우리는 기독교적 기도의 시간적 구성에 충분히 주목하지 못했다. 현재: "오늘 우리에게 일용할 양식을 주시고"(주어지는 것을 수용하기). 과거: "우리 죄를 용서하시고"(이미 저질러진 잘못을 받아들이기). 미래: "우리를 시험에 들지 않게 하시고"(미래의 방황을 예방하기). 그러나 이 세 가지 요구는 애초의 명령에 매달려 있다. "아버지의 뜻이 이루어지게 하소서." 다시 말해 나의 몸짓이 어떠하건 결국 그분이 애초에 이미 결정하신 대로 되어 있을 것이다. 전미래는 우리의 시간적 감수성 속에 울리는 영원의 메아리다.

———

라캉은 그 유명한 명제에서 전미래를 탁월한 무의식의 시간으로 만들었다. 그것은 "되어 있을"[6] 무엇이다. 어쨌든 이건 신과 무의식을 맞바꾸었음을 의미한다. 이 마지막 말의 수수께끼를 밝히려면 우리는 모든 사람에게 무의식은 수치를 안기는 무엇임을 먼저 이해해야만 한다. 프로이트의 초기 텍스트들에서(첫 번째 공리), 수치심은 억압의 중대한 지렛대다. 욕망들이 억압되고 사건들이 잊히는 건 그것

들이 수치스럽기 때문이다.[7]

우리는 이미 "미노스와 파시파에의 딸", 빛의 자식, 라신의 비극에서 낮의 빛을 거부하고 제 내실에서 숨어 지내는 페드르[8]를 언급했다. 그녀는 수치스럽다. 자신의 욕망이 수치스럽다(여기서는 자기 의붓아들을 미칠 듯이 사랑한다는 것이 수치스럽다). 오 아니다. 이건 죄의식이 아니다. 우리는 자신이 한 일에 대해서는 죄의식을 느끼지만, 자신의 욕망에는 수치심을 느낀다. 욕망은 우리에게 흉측하고 몰상식해 보이기 때문이다. 우리가 할 수 있었던 것, 완수할 수 있었던 것 안에 있는 건 우리가 아니다. 우리의 가치들과 신념을 품은 우리가 아니다. 그렇지만 이 모든 행위 밑에서 이 욕망은 우리를 관통하고, 우리를 실어가고, 우리를 넘어서고, 우리를 규정한다. **이걸 욕망하는 나는 누구인가?**

나는 프로이트로 돌아간다. 그는 이렇게 말한다. 의식은 단지 외부 현실에 최적화된 적응을 위한 도구가 아니다. 그것은 사회적 관습 앞에서 불가능한 욕망들, 무분별한 열정들, 도덕적 완고한 고집들을 꺾으려고, 적절치 않은 충동들을 가로막으려고 힘겹게 부단히 애쓰는 무엇이다. 자기애적 수치심에 대해서는 앞에서 그것이 현실과 맺는 고통스러운 관계의 낙인이라고 말할 수 있었다.[9] 우리의 지나친 야심을 부수고, 우리의 허황된 능력을 부인하고, 우리의 전능한 꿈을 깨뜨리는 무자비한 벽처럼 이해되는 관계의 낙인이다. 우리는 아직 더 멀리 나아갈 수 있다. 정말이지 우리가 벽처럼 일어서고 막아서는 것을 "현실"이라고 부른다면, 어쩌면 현실보다 더 우리에게 맞서는 건 우리의 집요한 욕망들, 오랜 두려움들, 낭종 같은 기능 정지다. 그것들이 우리가 똑같은 참담한 실수들을 저지르고, 똑같은 사람들을 만나고, 똑같은 실패를 겪도록 이끄는 것이다.

수치심을 주는 우리 삶의 **현실**은 이 소란 속에 누워 있다. 우리가 선한 의지를 갖고 용감한 결단과 규율을 꿈꿔도 **돌아오는** 건 무의식이다. 우리 삶의 냉혹한 궤적인 무의식이 우리의 운명을 그린다. 온갖 허장성세, 원대한 선언들, 드러낸 야심들 너머로 결국 나는 이걸 **이행해놓을** 것이고, 저걸 실현해놓을 것이다. 나를 가로막을 것은 (단지) 불운, 나쁜 만남, 망친 기회가 아니라, 나의 내밀한 제동일 것이다. 이런 의미에서 무의식은 우리를 수치스럽게 하는 것이며, 그것은 내가 원한다고 생각하는 것과 **정말 원하는 것** 사이에 이 괴리를 끌어들인다. 망친(따라서 성공한) 행위들, 불안의 제동, 시의적절하지 않은 병리를 떠올리기만 하면 된다. 그걸 통해 무의식은 우리에게 **소란**을 일으킨다.

———

우리의 "과거"라고 불리는 것은 두 가지 연속된 사건들로 나뉜다. 과거로 활용되는 것과 전미래로 활용되는 것이다. 윤곽은 명확히 그리지만 금세 지워지는 흔적을 남기는, 하찮고 평범하며 단조로운 일련의 사건들이 과거(어제나는 이걸 했고, 저걸 먹었고, 무엇무엇을 보았다)로 활용된다.

그리고 우리에게 소란을 일으키는 것이 있다. 현재를 찢고, 구멍 내고, 뒤흔드는 것, 단조로운 짜임의 연속성 속에 새겨지지 않거나 나쁘게 새겨지고 침입하는 것이다. 어떤 만남, 어떤 말, 어떤 감정, 어떤 독서는 겁에 질리게 하고, 불안을 조장하고, 설명할 수 없는 불안감을, 뭐라 규정할 수 없는 거북함을 불러일으킨다. 나는 내게 일어나는 것의 의미를 제어하지 못한다. 내가 너무도 무방비 상태이기 때문이다. 아니면 그것은 구상되지 않은 채로 남고, 생생한 상처를 남긴 오래된 정신적 형상과 공명하며 들어선다. 이 모든 경우, 마치 언어의 레이더망(센서와 변압기) 밑으로 통과한 것처럼, 의미가 허공에 미결 상태로 남아 있는 사건들이 문제이기 때문이다. 어떤 일이 먼저 일어났다고 그 일이 꼭 흘러간 건 아니다. 불가능한 비밀들, 비밀스런 상처들은 앞으로 올 어떤 형상을, 어떤 결단을, 어떤 실현을 기다린다. 우리는 마치 정신분석이란 이렇게 말하는 것인 양 여긴다. 모든 건 유년기의 결실이고 결과라고. 과거가 당신의 미래를 결정짓는다고. 그러나 가르침은 정확히 반대여서 훨씬 수수께끼 같다. 과거를 결정짓는 건 당신의 미래여서, 이 과거는 아직 **실현**되지 않았다.

사실, 정신분석에서 "치료"라고 부르는 건, 마치 그저 추출하면 되는 것처럼 잊힌 기억들을 떠올리게 하는 일이 아니다. 무엇보다 아직은 신체적 폐색, 실패의 반복, 이해할 수 없는 행동의 형태로만 존재하는 과거 조각들을 실현하는 것이 관건이다. 우리는 많은 시간을 (자신의 꿈을 유효하게 만들고, 제 약속들을 완수하는 등) 미래를 실현하려고 애쓰는 데 쓰지만, 그런 노력을 저지하는 것은 충분히 "과거를 실현하지" 않았다는 사실이다. 이 표현은 실재와 현실의 구분을 받아들일 때만 온전히 이해될 수 있다. 실재는 불투명하고 이해 불가능하며, 어둡고 비교 불가능한,

있는 그대로의 사건이다. 그리고 실재가 얘기되고 서로 다른 조명 아래 비칠 때, 심사숙고되고 언어의 그물에 걸리고 다시 걸릴 때 현실이 된다. 그것은 일어나고 한참 후에야 현실이 된다. 따라서 다시금, 전미래다. 과거의 의미는 사후에 부여된다.

우리의 유년기는 아연실색할 발견들, 무시무시한 고통들, 경악스러운 감정, 제어 불가능한 상처들로 이루어졌다. 세상과 거리를 두고, 세상을 측정할 만하고, 일관성 있고, 합리적으로 만들기엔 언어가 충분하지 않은 아이는 끊임없이 이런 순수한 침입의 순간들을 겪지만, 그에 대한 얘기는 훨씬 나중에나 하게 될 것이다.

산다는 건 자신의 유년기의 전미래를 활용하는 것이다.

———

나는 이 긴 우회 끝에, 프리모 레비가 언급한 뒤늦은 수치심으로 돌아간다. 그것은 수용소 생활의 섬뜩한 기억들로부터 생겨난다. 그는 이렇게 썼다. 그런데 나는 어떻게 살았을까? 아니 사는 걸 어떻게 받아들였을까? 짐승보다 못한 존재가 생존자들이다. 우리가 나중에 보게 되겠지만 짐승 세계라는 준거("우리는 몇 달 몇 년 동안 짐승처럼 살았다"[10])는 무엇보다 자기 자신을 안심시키는 데 쓰인다. 사실 생존자는 인류를 벗어나지 못한다. 그보다는 인류의 바닥을 친다. 그렇게 비참한 상태를 받아들였다는 것, 그렇게 수치심을 느끼지 않았다는 것, 먹고 자고 마시고 몸을 덥히기 위해 온갖 불공정한 술수며 온갖 비열한 행위까지 할 태세였다는 것에 대한 회고적 경악이 엄습한다. 그때는 그 무엇도 누구를 제지하지 못하고, 그 누구도 무엇을 제지하지 못한다.

프리모는 아우슈비츠에 자살이 드물었을 정도였다고 말한다. 시간도 없고 힘도 없는 "우리에겐 생각할 다른 게 있었다".[11] 결정으로서 자살은 세상 앞에서, 의미가 비워진 삶, 미래의 결여, 존엄의 상실 앞에서 느껴지는 불안을 먹고 자란다. 그런데 생존자는 삶의 기본 욕구들에만 의미와 가치를 부여하는 자조차 못 된다. 그는 이미, 표현될 수 있는 모든 의미 너머에, 진술될 수 있는 모든 가치 너머에 있다. 이 와해는 자살을 생존자가 스스로 허락할 수조차 없는 사치로 만든다.

나는 앞에서 말했다. 생존자와 냉소주의자는 윤리적 수치심을 초월한 두 가지 상반된 얼굴이라고. 거기에 헌신적인 부모, 주눅 든 연인을 더해야 할 것이다. 이로써 내가 하려는 말은 우리가 미칠 듯한 사랑을 받는 사람들일 경우엔 더는 수치심에 붙들리지 않는다는 것이다. 사람들은 자신들의 건강이나 행복이 관계될 때는 모든 존엄, 모든 행복을 희생한다. 나는 베르디의 《리골레토》를 생각한다(2막, 3장). 광대는 자신의 딸이 어떻게 되었는지 알기 위해 풍자하고 조롱하는 자신의 역할마저 훼손한다. 궁신들과 만난 리골레토는 이내 고개를 조아리고, 드러눕고, 수치심을 뛰어넘고 굽실거리고, 전날 납치당한 딸이 어디에 있는지 알기 위해 비굴해진다. 음악의 변화는 충격적이다. 분노에서 탄식으로, 격분에서(천벌을 받을 이 비겁한 놈들아…) 절규로 (나리들, 저를 용서하시고 제발 자비를 베풀어주세요…). 리골레토는 냉소적이고 날카롭게 물어뜯어야 하는 광대의 행동 반경을 넘어선다. 그는 애원하고, 동정을 구하고, 사람들의 무릎에 입 맞추는 걸 더는 수치스러워하지 않는다. 그는 제 탄식 속에 쓰러져 울고, 수모 속에서 뒹군다. 그의 딸을 위해. 수치심의 초월은 미친 사랑을 가능하는 기준이다. 나리들, 자비를, 자비를 베푸세요. 사랑하는 사람들이 관계되면 수치심도 더는 중요하지 않다.

———

프리모 레비는 생존자가 느끼는 수치심의 두 번째 뿌리를 이 끔찍한 질문 속에 둔다. "왜 나지?" 가녀린 생명의 끈은 끊이지 않았다. 나는 아직 살아 있다. 나보다 나은 다른 많은 사람이 죽었는데, 나는 아직 살아 있다. 수용소의 철칙은 온순한 자들, 너그러운 자들, 성실한 자들이 먼저 쓰러지고, 술책에 능한 자들, 이기적인 자들, 파렴치한 자들은 언제나 살아갈 방법을 찾는다는 것이다. 죽음의 수용소에서 훌륭한 이유로 살아남는 게 가능할까? 프리모 레비는 쓴다. 나는 그저 많은 행운을 누렸다는 느낌만 든다. 내가 아는 한. 그렇지만 우리가 정말 뭘 알까? 의혹이 마음을 갉아먹는다.[12] 이렇게 살아 있는 나는 어느 정도 다른 사람의 자리를 빼앗지 않았나?

우리는 앞에서 말했다. 수치심 속에서는 언제나 자리가 문제라고. 하지만 걱정거리는 좋은 자리를 차지하느냐 나쁜 자리를 차지하느냐가 아니다. 절망한 타인에게서 자리를 빼앗았다는 감정이 문제다. 작은 목소리가 이렇게 속삭인다. 하지만 그게 세상의 숨겨진 법칙 아냐? 최악의 존재들만 살아남고, 실존의 산성비를 통과한다는 것 말이야. 제대로 자리 잡고, 유산을 받고, 상속자가 된 그들은 모두 타인의 자리를 빼앗았다. 수치스러운 진실을 잊도록 연막이 쳐진다. 업적, 행운, 개인적 재능, 일! 프리모 레비는 크라코비아의 시계상 하임을, 헝가리의 과묵한 농부 사보를 떠올리며 수치스러운 진실을 발가벗긴다.[13] 모두 죽었다. 견디기 힘든 진실이다.

이 근원적 고통과 "왜 나지?"라는 질문이 불러오는 불안에 사로잡힌 생존자의 증언은 혼란스러워진다. 진짜 증인, 폭력의 궁극적 진실을 견딜 자는 살아 돌아오지 못했다. 그는 영원히 입을 다물었다. 현장에 있었고, 제 눈으로 직접 보았고, 일인칭으로 말할 수 있으면 증인의 자격과 진정성을 갖춘 것 아니냐고 반박할 수도 있을 것이다. 그러나 극단적인 폭력의 시련과 관계된 일일 때는 가스실에서 질식한 뒤 가마에서 태워진 여자들, 기진맥진해서 죽었거나 맞아서 죽은 남자들만이 공포에 대해 증언할 수 있을 것이다.

거듭 말하지만 진짜 증인은 우리 생존자들이 아니다.[14]

프리모 레비는 이 부적격부터 말하길 결심한다. 나는 내가 겪은 일에서 살아서 돌아올 수는 없다는 사실을 증언하기 위해 여러분 앞에 선다. 이건 도무지 있을 수 없는 고통스러운 역설이다. 다시 부조화가 수치심을 재촉한다.

그런데 왜 여기서 죄의식을 얘기하지 않을까?[15] 생존자들은 다른 사람들과 함께 죽지 않은 데 죄의식을 느끼고, 이 예외를 잘못처럼, 배신처럼 느끼며 산다고 말해야 하지 않을까? 다만 이번에도 문제는 자리다. 생존자들은 산 자들의 세상에서 제자리에 있다고 느끼지 못한다. 그들은 "난 거기 남았어야 했고, 다른 사람들처럼 죽었어야 했어"라는 생각에 강박적으로 사로잡힌, 실존 속 "잉여"이고, 정원 외의 존재다. 나는 내 자리에 있지 않고, 내겐 자리가 없다. 혹은 내 자리는 죽음을 단조로운 규범으로 삼고 대량 생산한 그 수용소에 영원히 정해져 있었다. 내 자리는 불태워질 시신의 자리였다.

생존자는 온갖 상실을 겪고(천진함, 무지, 가벼움, 신뢰를 상실하고) 살아남는다. 그러나 완전히 벗어났다고 느끼지 못한다. 사실, 그는 여기 있어서는 안 되고, 다른 사람들과 함께 평범한 일상을 살아가서는 안 된다고, 오래전에 어둠의 무리에 합류했어야 했다고 느낀다. 그는 집행유예 상태로 실존 속에 잘못 밀려난 느낌이다. 열네 살에 아우슈비츠에 강제수용된 임레 케르테스는 "산다는 수치심을 산다"[16]는 말로 그런 느낌을 표현한다.

《휴전》 마지막 장에서 프리모 레비는 반복되는 꿈 하나를 언급하며 이 소설 제목의 열쇠를 내놓는다. 그는 일터에 앉아 있거나, 가족들에 둘러싸여 있거나, 친구들과 산책을 한다. 갑자기 어떤 음험한 위협이 그의 어깨를 짓누르고, 이내 그의 주변은 마치 무대배경이 무너지듯 해체된다. 불안이 올라온다.

> 불현듯 나는 이 모든 것이 무엇을 의미하는지 안다. 그걸 내가 항상 알고 있었다는 것을 안다. 내가 다시 수용소 안에 있다는 걸. 나머지, 가족, 활짝 꽃핀 자연, 집은 그저 짧은 휴가였을 뿐임을 안다.[17]

삶, 친구들, 일, 이 모든 건 하나의 막간극, 조금 유쾌한 비누거품이었다. 프리모 레비는 마침내 더는 수치스럽지 않다. 모든 건 다시 **정상**으로 돌아갔고, 악몽이 다시 시작된다.

교차적 수치심

수치심에 대한 철학적 이야기들에서 피해갈 수 없는 것이 하나 있다. 사르트르의 《존재와 무》에 나오는 텍스트로, 문에 귀를 대고 엿듣는 사람에 관한 것이다. 타인의 눈길에서 자의식이 탄생함을 설명하는 것으로 여겨지는 글이다. 수치심은 보여지고, 관찰되고, 간파당하고, 얼어붙고, 대상화되는 감정과 더불어 시작된다. 혼자서, 나 홀로 나를 대할 때 우리는 수치심을 느끼지 않는다. 상스러운 행동도 스스로 허용한다. 단정치 못한 차림에, 코를 훌쩍이고, 천박하고 게걸스럽게 먹는다. 부끄러움도 없다. 타인은 "나의 원죄"[1]가 될 것이다.

문제의 장면은 이러하다. 나는 내가 사는 건물 계단을 한층 한층 내려온다. 어느 층에 이르렀을 때 유혹이 너무 강렬해진다. 나는 멈춰서서 열쇠 구멍에 눈을 대고, 귀를

문에 바짝 붙인다. 질투 때문에? 악덕? 아니면 흥미? 나는 어떤 목소리를 들은 걸까? 아니면 어떤 형체를 알아보리라 꿈꾸는 걸까?

이 시간 내내 나는 눈을 크게 뜬 채 나를 홀리는 문 너머 광경만 좇는다.

"그런데, 복도에서 발소리가 들렸다. 누가 나를 본다." 마룻바닥이 삐걱거렸나? 누군가 있다! 나는 놀라서 펄쩍 뛰고, 내 몸은 허둥지둥한다. 불안한 당혹감, 난감함, 수치심. 사람들이 나에 대해 어떻게 생각할까?

바로 그 순간, 별안간 타인에 의해 내던져진 "나"가 존재한다. 타인의 존재가, 가정일지라도, 나를 존재하게 한다. 물론, 타인들의 눈길 속 나, 그들의 판단으로 굳어진 나(그런데 몽상에 잠긴 어떤 상태를, 다양한 마음의 동요를 "나"라고 불러도 될까?). 나는 규정되고, 한 장면에 홀려 바라보던 순수한 눈길은 이제 끝장났다. 나는 **누군가가** 되었다…**이러저러한 누군가가**… 변태적이고, 질투심 많고, 방탕한 누군가가? 나는 이웃의 말 속을 떠돌고, 더는 내게 속하지 않는다. 사람들은 말할 것이다. 나에 대해 얘기할 것이다… 나는 내가 알지 못하는 어떤 문 너머를 향해 뻗고 폭발한 공허한 관심이었는데, 이제는 이 건물의 관음증 환자가 되었다. 나는 수치스럽다. 고로 존재한다.

사르트르의 텍스트는 본질적인 무언가를 얘기한다. 문제는 수치심이 어떻게 태어나는가가 아니라 수치심이 어떻게 우리를 태어나게 하는가이다. 물론 누구도 동시대인이 될 수 없는 최초의 탄생이 있다. 자궁에서 작은 몸을 뽑아내는 일, 최초의 정신적 외상의 유일하고 확고한 흔적은 우리의 신분증에 박힌 날짜와 부모들의 감동 어린 이야기다. 진짜 탄생은 나중에 이루어진다. 사르트르는 "원죄"라고 썼는데, 그는 한 여건의 굳은 객관성 속에 붙들린 한 분류표의 창백한 필연성을 말하려 한 것이다. "자아"에 대한 자각이 생겨나는 건 오직 나를 틀에 박힌 "나" 안에 가두는 타인의 포착을 통해서다.

사르트르가 본질적인 존재론의 용어들로 묘사하는 것을, 교차 연구나 여성, 노동자, 인종차별의 희생자 등, 일인칭으로 이루어진 수많은 증언이 고통스러운 굴절을 드러내며 확증한다. 객관성의 표면 위에 투사되기보다는 **축소**되고(클리셰로, 순수한 도구성으로 등), 결정적인 열등의식 속에서 **소외**되고, 무의미의 가장자리 속에서 **구분**되고, 단절시키는 차이(장애, 술 등)의 추문 속에서 **낙인찍힌** 의식을. 프란츠 파농은《검은 피부, 흰 가면》에서, 시몬 베유는《공장 일기》에서, 아니 에르노는《한 여자》또는《자리》*에서 사르트르를 구체화하고, 완성하고, 실현한다.

우리는 오스만 양식의 건물에서 문에서 엿듣다가 화들짝 놀란 어린 청년에서 일상적인 모욕으로, 제도, 장치, 체제로 지탱되는 소외, 인종, 프롤레타리아, 여성과 관계된 모욕적인 소외로 넘어간다.

———

앞에서 나는 너무 성급하게 지나왔다. 사회적 멸시에 관한 첫 분석으로 수치심이 모욕의 기계적 결과가 아니라, 압제 체계의 유효성을 의미할 수 있는 내적 재연이라는 사실을 제시했고, 사회적 멸시가 은밀하게 울적한 반전으로 이끌거나(가난한 자는 결국 자신이 처한 사회적 상황의 책임을 자신에게서 찾는다. 야망의 결핍, 게으름 등등) 혹은 남성우월주의적 조직이 희생자를 죄인으로 바꿔놓는 방식으로 작동한

* 우리말로는《남자의 자리》로 출간되었다.

다는 걸 분명히 보여주었다. 성적으로 괴롭힘을 당하고, 사회에서 부단히 비하당하는 여성은 결국 자신이 폭행을 유발했거나 혹은 적어도 허용했다고, 그것도 아니면 여성 혐오체계가 허용하는 것에 만족할 수밖에 없다고 생각하기에 이르는 것이다.

그러나 나는 수치심을 유발하는 큰 장치들의 역학은 고려하지 않았다. 가학 성향의 작업반장이 지배하는 공장의 분위기, 부서장들이 자리한 사무실 분위기, 학교, 선택 메커니즘, 식민지 시스템 같은 장치들 말이다. 이 장치들은 모욕과 비하의 힘으로 체계적 반복과 강조를 통해 수치심을 유발하는데, 그것을 떨어버리기란 어렵다. 그것이 결국 자의식을 지지하고 구축하기 때문이다. 세 개의 기둥이 수치심을 낳는 이 장치들을 지탱한다. 여기서는 그것들을 언급만 하고 지나가지만, 각각에 책을 한 권씩 쓸 수도 있을 것이다.

먼저, 권력과 부의 분배체계가, 학교나 법원 같은 공공기관이, 때로는 심지어 "지배자"의 거만한 눈길을 옹호하는 가상의 "학문"(인종, 성, 계층 간의 불평등에 대한 학문)이 부추기는 열등의식 조장이다. 이 지속적인 비하는 상대에게 은밀하고 지속적인 분노를 유발한다. 리처드 라이트의 소설들이 탁월하게 그려내는 분노,[2] 그리고 제재가 즉각적이고 무시무시해서 밖으로 드러내는 것이 불가능한 불만을 야기한다. 우리는 과소평가와 비하를 쏟아지는 비처럼 계속 맞는다. 하루에 받는 무시의 눈길이 축적되고, 비방이 계속되어 그 모든 작은 비난들이 쌓이면 결국 딱딱한 껍질이 되어 영혼을 옥죈다. 영혼은 오직 이 수치심의 희끄무레한 창백함과 거기서 나오는 분노의 폭발 사이에서 갈팡질팡하며 균형을 되찾는다.

피에르 베르구니우Pierre Bergounioux는 멋진 대담집에서 공화제 학교(그는 몇십 년 동안 도심 외곽 중학교들에서 프랑스 문학을 가르쳤다)가 스스로 내세우는 주장과는 달리 약자들에게 무적격함을 심화하는 장치임을 보여준다.

열한 살 나이에, 학교의 가치와 관습에 길들지 않은 채, 중학교 1학년에 들어가는 아이라면 누구나 매일, 어쩌면 하루에 여러 번도, 자신의 부족함과 하찮음을 지적하는 소리를 들을 수밖에 없다.[3]

그 길 끝에는 수동화가 자리하고 있다. 지배당하는 자들에게는 최소한의 주도권을 주고, 여성들에게는 결정권을 가진 자리를 거부한다. 기껏해야 실행자나 명령 수행자의 자리만 주어진다. 여공들은 조정 변수들이고, 졸卒처럼 움직이는 피고용자들이며, 곧 해치울 폐기물이고, 무시할 무가치한 존재들이다.

마르크스는 《자본》에서 산업자본주의가 어떻게 최초의 모태에서 출발해 보편적 상품화를 낳는지 설명한다. 나의 노동력은 가치들을 창출하는 원천이 아니라 교환되는 상품이며, 나는 그것을 가장 비싼 값을 부르는 사람에게 판다. 이때부터 모든 건 상품화되고 화폐화된다. 금융자본주의는 폐기물화를 재촉하며 더 멀리까지 나아간다. 이젠 심지어 이득을 올리기 위해 노동자들을 착취할 것도 없다. 그들을 해고하면 그만이다. 그러면 자동으로 그룹의 주가가 오른다. 나는 프랑수아 봉이 쓴 이야기 속 대우 여공들을 생각하고, 주주들의 마음을 사기 위해 파렴치하게 찌꺼기로, 쓰레기로, 폐품으로 만들어진 그 운명들을 생각한다.[4] 우리는 착취 대상으로, 이용 가능한 상품처럼 다뤄지는 것이 수치스럽다. 그리고 폐기물, 대팻밥, 고물상으로 보내질 잔해처럼. 그러다 결국 아무것도 아닌 것처럼 다뤄지는 것이 수치스럽다. 결정권을 가진 책임자는 곧 회의가 있을 사무실로 들어간다. 거기엔 아직 "청소노동자" 한 사람이 일하고 있다. 책임자는 투덜거린다. "이런, 빌어먹을, 아무도 없잖아…" 시몬 베유는 프롤레타리아로서 겪은 자신의 경험(알스톰에서 언론노동자로, 르노에서 프레이즈반 숙련공으로 일한 경험)에서 나온 묵직하고 단순한 교훈을 이렇게 말한다.

> 인류는 두 범주로 나뉜다. 무언가에 중요한 사람들과 아무 것에도 중요하지 않은 사람들이다. 후자에 속할 경우, 우리는 아무 일에서도 주목받지 못하는 걸 자연스럽게 여기게 된다. 물론 그렇다고 우리가 고통받지 않는다는 의미는 아니다.[5]

두 번째 메커니즘은 틀에 박힌 것으로의 환원이다. 정확히 말하자면 이는 과소평가하는 것이라기보다는 상대를 이미 만들어져 벗을 수 없는 공식 속에 가두는 것이다. 우리가 사회과학에서 "본질주의"나 "자연주의"라고 부르는 것은 상투성의 항구적 재할당이다. 제임스 볼드윈은 이렇게 기억한다.

> 나는 교회에서 사는 게 수치스러웠고, 나의 아버지가, 블루스가, 재즈가 수치스러웠다. 그리고 물론 수박이 수치스러웠다. 이 모든 것은 이 나라가 흑인들에게 할당하는 상투적인 것들이었다. 우리는 모두 수박을 먹고, 하릴없이 빈둥거리거나 블루스를 노래하며 시간을 보낸다는 식으로.[6]

이 환원은 아프리카 미국인을 만나면 재즈를 좋아한다고 단언하고, 아시아 사람 앞에서는 선불교를 친양하는 반인종차별주의자의 양심 아래 뿌리를 내린다. 인종차별을 당하는 자는, 말 한마디 채 내뱉기도 전에, 사람들이 그에게 가져다 붙이는 취향들에 갇히고, 사람들이 그의 것으로 상상하는 생활양식에 감금당한다. 그리고 그는 관대하고, 이국 취향을 좋아하고, 다른 문화들을 사랑하는 토박이 프랑스인에게 고마워해야 할 것이다. 마치 단순히 클리셰의 가치를 전복하면 인종차별주의에서 탈출할 수 있기라도 한 것처럼. 그러나 클리셰 자체가 모욕을 주는 것이어서 독선적으로 가능성들을 닫는다. 여성은 자식과 가정만 좋아할 수 있고, 노동자는 야심이 없고 무책임하다는 식이다. 코커힐[7] 공장에 관한 연구에서 세드릭 롱바는 회사의 간부들이 얼마나 노동자들에 대해 편협하고 틀에 박힌 생각을 품고 있는지 보여준다. 반현대적이고("그들은 변화를 원치 않는다"), 게으르다는("별것아닌 일에 병가를 내고") 식이다. 클리셰의 기능은 무엇보다 타인에 대한 앎으로부터 우리를 지켜주는 것이다. 우리는 자신의 기괴함을 감춰주는 전형적인 도식 뒤로 숨는 편을 선호한다. 그들이 게으르다고 생각하면 그들을 착취하지 말라. 그들이 하등한 존재들이니 그들을 깎아내리지 말라.

마지막 메커니즘은 낙인찍기다. 여기서는 지배자들의 신경질적인 상상에서 곧장 나온 클리셰의 중첩을 말하는 게 아니라, 어떤 차이, 어떤 격차를 조금 더 깊이 포착함을 말한다. 그 차이나 격차는 그것을 포착한 사람에게는 비방이나 배척의 효과를 낸다. 아주 하찮은 차이로도 충분하다. 재킷의 품질을 평가하는 삐딱한 눈길, 사투리 억양을 듣고 슬며시 짓는 미소, 상대에게 말을 걸 때 보이는 어떤 공백. 이 모든 것이 삐끗 **어긋나서** 상대는 들켰다고 느낀다. 심지어 그가 자신을 숨기고 있지 않을 때조차. 상대는 호감을 과장하거나(아니 난 인종차별주의자가 아니야, 난 가난한 사람들을 좋아해 등) 멸시를 솔직히 표현해도 그 결과는 마찬가지다. 다시 말해, 나는 스스로 **얼룩처럼 거슬린다**고 느낀다. "얼룩처럼 거슬린다"는 건 눈에 띄는 동시에 어긋난다고 느끼는 것이다. 도드라져 보인다는 의미로 눈에 띄고, 제자리에 있지 않다는 의미로 어긋난다는 것이다. 그 둘이 교차하는 지점에서 수치심이 생겨난다.

낙인찍기가 작동하는 데 무거운 모욕 장치가 필요하지는 않다. 이를테면 잔혹한 친절이 뚝뚝 흐르는 질문만으로도 충분하다. "어이, 넌 어디 출신이야?" 이 점에 관해서는 세 여자의 일치하는 증언을 다시 읽어보아야 한다. 크리스티안 토비라[8], 이자벨 보니-클라브리[9], 타니아 드 몽테뉴.[10] "넌 어디 출신이야?" 질문을 던지는 사람에게 이 말은 이런 의미가 될 것이다. "봐봐, 난 인종차별주의자가 아니야. 심지어 내 이웃의 이국적인 뿌리에 대해 지대한 관심을 보이잖아. 생각이 대단히 열려 있지." 곧 대답이 나온다. 발 두아즈 혹은 오베르뉴 출신이라고. 그러면 빠짐없이 이런 대꾸가 이어진다. "그래, 물론 그렇겠지. 내 말은 그 전에 말이야⋯." 정확히 무엇보다 이전 말인가? 이런 것은 다른 곳으로 이전시키고, 소외시키는 응수법이다. 이곳엔 내가 너그럽게 내주는 것 말고 다른 자리는 없다고 상대가 느끼게 하는 것이다. 혹자는 내가 과장한다고 말할지도 모른다. 아니면 그런 건 서툰 실수이고, 계급제도도 없고 대단히 "관용적인" 이 시대에는 사라져야 마땅할, 대대로 내려온 무의식적 행동의 후유증일 뿐이라고. 관용에서 끔찍한 점이 있다면 그건 유보를 두고 받아들이는 것이다. 긍정을 말하면서 부정을 가리키는 것이다. 관용의 진짜 반대말은 사랑이다. 관용은 다양성에 열려 있으니⋯.

여기서 마르크스가 《유대인 문제에 관하여》에서 옹호한 주장을 떠올려보아야 한다. 한 국가가 공식적으로 어떤 종교도 인정하지 않는 건 모든 믿음을 부정해서가 아니다. 국가 종교의 종말은 오히려 온갖 신앙심의 시대에 들어섬을 의미한다. 장황하게 늘어놓는 믿음, 복잡한 교리, 집단적 신앙심, 그러나 여전한 뒷세계, 초월성, 그리고 지배 가능성들의 시대 말이다. 마르크스는 쓴다. "사회적 변화"만이 종교의 종말을 보증할 수 있을 것이다. 마찬가지로, 노예제 폐지, 식민지 제국의 종말, 인종차별적 법률의 폐기는 결코 인종차별주의의 종말이나 느린 소멸이 아니라 기체 상태로의 이행을 의미했다. 우리는 합법적이고, 끔찍하고, 꼼꼼하고, 구경거리로 제공된 공개적 모욕에서 대화상대에 따라 입술의 경련이나 찌푸린 눈썹, 어조의 급변을 통해, 더 심각하게는 선별과 평가 장치의 위선을 통해 도발되는 흐릿한 수치심이 막연하고 음험하게 작용하는 시대로 건너왔다.

세 가지 주된 진술("넌 형편없어", "넌 진부해", "거긴 네 자리가 아니야")은 지속적인 정서로서 수치심의 부피를 결정한다. 그것은 따가운 눈길의 상처로 야기된 당혹스러움(공개적이고 잔인한 거북스러움을 경험하는 동안 우리는 사라지고만 싶다)으로 축소되지 않고, 제어되는 강박관념이고 수치심의 예방일 뿐인 윤리적 자가-정서(아이도스)로 축소되지도 않는다. 교차적 수치심은 하나의 의식 상태요, 실존 조건이고, **자신과** 거리를 두는 방식이다. 실제로 소외가 생활양식(소비 등)이나 타인과의 관계(사회화 등)보다 더 잘 스며들기 때문이다. 그것은 오직 수치심의 창백한 빛 가운데서만 자

기 자신과 부합할 수 있도록 인도해서, 나는 여전히 형편 없고, 틀림없이 진부하고, 결코 내 자리에 있지 않다고 느낀다.

파농, 볼드윈, 그리고 W.E.B. 뒤부아의 텍스트들이 지닌 천재성은 인종차별주의의 논리를 자의식의 차원으로 묘사했다는 데 있다. "나는 백인들의 눈길 속에서 내가 흑인임을 발견한다"라고 파농은 썼다("흑인이 겪은 경험"[11]). 전에 나는 그저 삶과 만남을 갈망하는 한 여자, 한 남자였다. 그러나 나를 실존하게 하고, 타인들에게 현존하게 하고, 세상으로 열려 있게 해주는 이 몸이 갑자기 일부 타인들에게 **問題**가 된다는 걸 깨닫는다. 정확히 말하자면 사회적으로 나를 지배하고, 힘과 특권을 누리는 타인들에게. 그 백인은 호감 아니면 중립이라는 평범한 진폭으로 나를 지각하지 않는다. 그는 나를 응시한다. 힐끔 보더라도, 문젯거리라도 되는 듯이 쳐다본다("문제가 된다는 건 이상한 경험이다"[12]). 그렇게 나를 무고함에서, 나 자신과의 관계의 투명성에서 **빼내어** 백인의 광기 속에 가둔다.

그러나 볼드윈이 예고하듯이, 흑인은 백인의 발명품이지만, 역으로 백인은 흑인의 발명품이 아니다. 가역성도 없고, 상호성도 없다. "백인은 권력의 은유이고, 체이스 맨해튼 은행을 묘사하는 한 방식일 뿐이다."[13]

역시나 볼드윈이 말하는 "그들[유색 형제들]과 태양 사이에, 그들과 사랑, 삶, 힘 사이에, 그들과 그들이 원하는 것 사이에 자리한"[14] 그 구름, 그 장애물, 그 방책은 타인의 헛소리로 생겨난 나 자신이다. 나는 점령군처럼 내 영혼을 점령한 "백인의 상상"(게다가 부르주아 남성의 상상) 속에서 검고, 햇볕에 그을고(다시 말해 다른 동시에 하수인인) 나를 만난다. 수치심은 타인이 부과한 이 자기 한계(꿈과 능력에서) 이후로 더는 자의식을 갖지 못한다는 데 있다. 나의 존엄에 맞서 세워진 장애물, 내 꿈들 앞에 세워진 바리케이드, 나의 능력을 막아서는 방책들은 나와 나를 잇는 단호하고 굵직하며 냉혹한 선이 되었다. 그 선이 나를 제지하고 결국 나를 규정한다. 따지고 보면 나는 오직 나 자신에 의해 가로막혔다. 타인의 고통스러운 가시이자 상처인 나 자신에 의해.

수치심. 수치심과 자기경멸. 구토. 누가 나를 사랑할 땐 내 피부색에도 불구하고 사랑한다고 말한다. 누가 나를 싫어

할 때는 내 피부색 때문이 아니라고 덧붙인다…. 이렇든 저렇든 나는 악순환에 갇힌 포로다.[15]

계통적 수치심

프리모 레비 책의 세 번째이자 마지막 표상은 "인간이라는 수치심"[1], 혹은 "세상에 대한 수치심"이다.

훨씬 큰 다른 수치심이, 세상에 대한 수치심이 존재한다.[2]

어쨌든 흘러가는 이 세상, 혹은 방황하는 이 세상은 나의 세상이다. 나는 거기에 완전히 매여 있어, 나를 고립시키고 무감각할 정도로 세상과 분리해줄 중립성을 주장하는 것이 불가능하다. 존 던의 시(1624)를 일부 인용해본다.

어떤 사람도 섬이 아니고
각 사람이 대륙의 조각이니
모든 사람의 죽음에 나는 작아진다

누구를 위하여 종은 울리는지 묻지 말라
종은 그대를 위해 울린다.

연대의 원칙. 내가 세상의 불공정에 죄의식을 느껴야 한다는 게 아니라, 그 불공정이 내게 타격을 입히고, 나를 건드리고, 나를 더럽히지 **않을 수 없다는** 것이다. 세상에 대한 수치심의 흔적은 이중의 부정이다. 나는 하지 않을 수 없다. 그것이 이 고통스러운 주름을, 이 쓴맛을 끌어들인다. 세상에 대해 수치심을 느끼는 건 공모죄를 인정하고, 곧 세상을 바꿀 힘과 맹렬한 의지를 드러낸다는 것이 아니다. 그저 세상의 상태에 대해 자신도 연계되었다고 느끼지 않을 수 없다는 것이다.

프리모 레비는 죽음의 수용소에서 나오면서 느꼈던 것을 형용하기 위해 "인간이라는 수치심"이라고 썼고, 들뢰즈는 그 문장을 다시 인용하며 이렇게 덧붙인다. "글을 쓰기에 이보다 나은 이유는 없다."[3] 우리는 이 수치심으로부터 생각하고, 창조하고, 글을 쓰고, 철학을 한다. 플라톤 이후 20세기가 흐른 뒤 들뢰즈는 수치심을 철학적 사유의 중심에 둔다. "인간이라는 수치심", 이 말은 정확히 무슨 의

미일까? 먼저, 신석기 혁명 이후 백 세기 이상 지난 지금 종합평가를 해보면 눈물 나도록 슬프고, 지독히도 씁쓸한 이 동물 종에 속한다는 수치심이다. 인간은 공동 거주지를 거대한 쓰레기통으로 바꿔놓았다. 모든 게 훼손되고, 거덜나고 망가졌다. 게다가 재앙과 고통을 낳는 한계 없는 능력은 염려스럽다. 레비스트로스가 《슬픈 열대》에서 말했듯이 세상이 "나 없이 끝나리라"⁴ 생각하는 것이 유일한 위로가 될 것이다. 인류야말로 세상이 견뎌내야 할 최악의 순간이다.

따라서 첫 번째 의미층은 이것이다. 나는 형리들, 학대자들, 범죄자들과 같은 종에 속한다는 것. 그들은 어쨌든 나의 "동류들"이니, 나의 인류 가족에 대해 자랑스러워할 것이 없다.

그리고, 생각해 보면, 아우슈비츠가 인간의 작품이었고, 우리가 인간이라는 사실에서 우리는 연대책임의 감정을 느꼈다. 아우슈비츠는 우리가 속한 문명이 낳은 결실이다.⁵

들뢰즈는 이렇게 주장을 이어간다. 내게 글을 쓰게 하

고, 생각하게 하는 이 수치심은 창작의 동기다. 그런데도 수치심이 불꽃을 내포하고 있을 수 있을까 자문한다. 여기서는 "인류"를 우선 더없이 저속한 의미, 더없이 기초적 의미로 이해해야 한다. 무기력, 비겁함, 이기주의, 천박함, 물욕, 배신행위를 압축해 놓은 무엇으로…. 나는 셀린의 등장인물들을 생각하고, 발자크의 《샤베르 대령》 말미의 소송대리인 데르빌을 생각한다. 샤베르 대령은 나폴레옹 전쟁의 영웅인데, 사망자로 잘못 선언되면서 사취당하고, 잊히고, 명예가 실추되고, 그의 재산을 상속한 여자에게 배척까지 당한다. 데르빌은 그의 권리를 지켜주려고 애쓰지만 실패하고는 "인류가 역겹다"고 말한다. 그는 결국 **인간들로부터 멀리 떨어져** 은둔한다. 인류의 **밑바닥**은 천박함과 비열함의 응축이다. 소송대리인 데르빌은 유산 분배 문제가 생길 때마다 온갖 고약한 열정들이 고삐 풀려 날뛰는 걸 보았다. 그럴 때면 가면들은 벗겨지고, 너그러운 선언들이 난무하고, 존경과 우애와 사랑은 젖은 화약처럼 꺼진다.

수치심은 "밑바닥"에 떨어진 이런 인류를 마주하고 보이는 일종의 저항이고, 넌덜머리 난 초탈이며 뒷걸음질이다. 꼭 캐리커처 같고, "한결같이" 비열하고 추악한 존재 같고, 파렴치의 굴레 같고, 쩨쩨함의 멍에 같은 인류를 피하라. 이 멍에가 중력점이기에 우리는 언제라도 그 아래 굴종할 위험이 있다. 다른 '되기'에 휩쓸리려는 욕망이 거기서 나온다. 들뢰즈는 "동물-되기"를 말하는데, 들뢰즈가 말하는 "동물"은 그저 다르고, 타자이며, 환원 불가능한 존재를 가리킨다.

예술은 이 수치심에 반응한다. 예술은 난바다로 부르는 호출이고, 확장의 경험이며, 다른 곳을 향한 선 긋기이기 때문이다. 플로베르는 썼다. "꿈꾸게 하는 것", 이것이야말로 "예술의 가장 높은 봉우리"[6]이다. 철학은 탈중심, 이심離心, 벽을 넓히려는 노력에도 가담한다. 예술의 기능은, 이미 말했듯이, 어리석은 짓에 수치심을 안기고, 멍청함에 저항하는 것이다. 멍청함이란 쉽고, 편협하고, 기계적으로 지껄이는 생각, 얄팍한 확신들, 세속적인 신념들을 의미하지, 교육받지 않아서 학구적 준거가 없는 가난한 생각을 의미하는 게 결코 아니다. 철학의 모든 큰 개념은 경험의 확장이다. 그럴 때 우리는 인류의 본질을 완수하는 것이 아니라 다른 체험들, 다른 생명선들을 향해 열린다. 낙지처럼 생각하고, 진드기처럼 지각하고, 표범처럼 느낄 것.

예술과 철학은 우리에게 자기 수치심을 가르치지만 비난받아 마땅한 슬픔으로도 아니고, 유감스러운 비난으로도 아니다. 먼바다로 나가라는 부름으로 가르친다.

——

인류에 속한 데 대한 수치심은 각 개인이 자기 민족의, 국가의, 심지어 가족의 역사와 더불어 유지할 수 있는 관계 속에 자리 잡고 개별화된다. 그럴 때 수치는 애착의 고통스러운 표지처럼 보인다. 나는 나의 정체성을 함양하는 국가 공동체에 속하고, 한 나라에 태어나서 그 나라를 사랑하는 법을 배웠다. 그런데 정치 지도자들이 파렴치하거나 부패한 처신으로 내게 수치심을 안기는 불공정한 결정을 내려 국가를 터무니없는 전쟁에 몰아넣고, 끔찍한 억압 속으로 끌어들였다. 1848년 6월의 끔찍한 나날들 이후 (국가가 국립 취로작업장을 폐쇄하자 민중이 봉기했고 그 가운데 4000명이 사망했다) 조르주 상드는 이렇게 썼다.

눈물과 분노의 나날들! 오늘 나는 프랑스인이라는 사실이

수치스럽다. 예전엔 프랑스인이어서 참으로 행복해했던 내가.[7]

한 세기 후, 여전히 한 여성이 프랑스 식민지 정책에 대해 알고서 충격받고 이렇게 선언한다.

나는 식민지의 비극을 처음 느끼고 이해한 순간을 결코 잊지 못할 것이다. [...] 그날 이후, 나는 내 나라가 수치스럽다. 그날 이후, 나는 용서를 빌 마음 없이는 인도차이나 사람을, 알제리인을, 모로코인을 만날 수가 없다. 그 모든 고통에 대한 용서, 그들이 겪은 모든 수모, 그들 국민이 겪은 모든 것에 대한 용서를 빌지 않고는. 그들의 압제자가 프랑스 국가이고, 프랑스가 그것을 온 프랑스인들의 이름을 걸고 자행하니, 따라서 내 이름도 조금은 걸려 있기 때문이다. 그렇기에 프랑스 국가가 억압하는 모든 이들 앞에서 나는 얼굴이 붉어지지 않을 수 없다.[8]

이 수치심은 자격 없는 정치인들, 나라를 재앙으로 이끄는 무능한 군 지휘자들을 향한 분노에 가득 찬 애국적 수치심이고, 불의에 대한 분노만이 아니라 실망한 사랑과 훼손된 자부심을 증언하는 수치심이다. 카를로 긴즈부르그는 이렇게 털어놓는다. "우리의 나라는 우리가 수치심을 느낄 수 있는 대상이다."[9]

애국적 수치심은 무엇보다 자신들의 "대표들"을 향한 피통치자들의 분노를 표현한다. 조금 더 특별한, 수치심의 마지막 형태는 혈통에 따라, 계보에 따라 역사와 맺는 고통스러운 연대의 관계를 증언한다. 아프리카 네덜란드계 백인 가정 출신으로, 여덟 살에 아파르트헤이트 정책이 시작되는 걸 지켜본 존 맥스웰 쿠체는 이렇게 자문한다. 대체 나는 어느 박해자들의 왕조의 후손일까? 얼마나 많은 압제자의 세대를 거치고 내게 이르렀나? 여기서 문제 삼는 건 인류라는 보편적 소속도 아니고, 한정된 국가 공동체도 아니고, 유산과 피로써 나를 전제군주 계급과 잇는 객관적 결속이다. 《추락》까지 쿠체의 소설들은 고통스러운 상속자의 수치심을 무대에 올린다. 그 수치심은 내가 타인과 맺는 관계를 변질시키고, 뒤흔들고, 구속한다. 나는 유색인들에게는 인사를 건넬 때조차 용서를 비는 마음을 담지 않을 수 없다. 그것이 마치 상대의 본고장을 떠올리는 태도처럼 느껴져 거북하고 거의 굴욕스러울 정도다(때로 수치심은 멸시와 거의 유사한 효과를 낸다). 나는 내 친구들에게, 가족에게 그들이 어떤 사람들이고 무엇을 대표하는지에 대해 은밀한 혐오감을 느끼고 삐딱한 사랑을 품는다.

이 같은 계통적 수치심은 각 개인의 개별적 여정, 그가 내린 삶의 선택들, 그가 표방하는 가치들과는 무관하다. 그것은 상속자의, "객관적인 지배자"의 수치심이다. 이 수치심은 우리가 그것의 유령을 휘저을 때, 그것의 가능성을 환기할 때 거슬리고 성가시다. 계통적 인종차별주의, 계통적 남성우월주의, 계통적 사회 멸시의 문제를 제기하면 얼마나 많은 사람이 발끈하는지 보면 된다. 항의가 인다. 반응이 빠르고 민감한 사람들, 베이비붐 세대의 응석받이들의 항의가.

그들의 반응은 이러하다. 그러면 내가 수치심을 느껴야 한다는 건가? 저마다 제 관대한 신념들을, 인권과 보편적 가치들에 대한 애착을, 억압에 대한 온갖 형태의 거부를, 자신의 뿌리 깊은 공화주의 사상을 맞세운다. 그리고 우리가 적을 잘못 생각한 거라고 외친다. "대체 무엇에 수치심을 가지라는 거죠? 나는 언제나 내 이웃을 존중했고,

차별에 대해 언제나 저항을 표했고, 사회정의가 더 실현되길 소리 내어 바랐으며, 여성들을 옹호했고, 인종차별주의에 맞서 싸웠어요. 그런데 내가 특혜받았다는 겁니까? 내가 그 기나긴 학업을 마치고 얼마를 버는지 보세요. 대기업 대표들의 월급이 얼마인지 아십니까?"

이 요란한 역정 너머로 불만과 두려움이 느껴진다. 그 두려움이란 이렇게 생각하는 것이다. 도대체 내가 수치심을 느껴야 한다면 무언가 께름칙해서 행동하고 투덜대야 할 텐데. 그러자면 시간과 에너지가 드는 일이고, 더구나 현행 체제는 내게 크게 도움이 되어왔다. 그러니…불쾌한 느낌이 드는 건, 내가 성공을 계속 이어갈 수 있고, 충분히 큰 아파트에서 살고 있어 친구들을 불러 이민자들의 파렴치한 소동에 대해 떠들 수도 있어서 아침마다 미소를 짓는데, 이제 이 평온한 양심을 떨쳐버려야 하기 때문이다. 이들이 역사에 바치는 유일한 양보는 자신들이 큰 행운을 누렸으며, 특권층이라는 걸 의식하고 있다고 진지한 목소리로 인정하는 것이다. 그러나 이들의 업적도 잊지 말아야한다! "난 운이 좋았어." 그럴 수도 있겠지만, 어쩌면 당신의 행운이 타인들에게는 비용이 되었는지도 모른다. "내가 얼마나 열심히 일했는지 상상도 못할 겁니다. 내 두 팔의 힘으로 말입니다!" 다만 오늘날에는 상속재산 없고 인맥 없이는 제아무리 엄청난 노력을 기울여도 결실을 얻기가 힘들다. 많은 이들의 유일한 업적은 "좋은 시절"에 태어난 것이다.

업적과 행운? 그런데 어느 정도까지일까? 내가 가진 모든 것을 나는 늘 타인에게서 빼앗은 것이 아닐까? 부르주아에 백인이고, 학위도 갖췄고, 건강하며, 주머니 속이 든든한 정규직에, 집주인이고, 소득도 충분하고, 집으로 식사를 배달시키고(배달원에게 팁까지 주는데 "그래야 당연하니까"), 파출부까지 배려한다. 이런 사람에겐 수치심이 없다. 그는 수치심을 갖고 싶지 않아서, 자기 양심에 어떤 줄무늬도 거부한다. 심지어 결정적 한 방으로, 마지막 위선을 부려 자신을 합리화한다. 나는 수치심을 느끼면 수치스러울 것이다. 불쾌하기 짝이 없을 것이다. 맞서 싸워야 할 진짜 수치심은 가난한 자들, 인종차별을 당한 자들, 여성들 편에 있다…. 다만 문제는 이것인데, 저들이 감내한 수치심에서 우리의 몫에 대해 묻는 것이다. 나는 정반대의 반박들이 나오는 걸 본다. 잠깐 기다려보시오, 우리는 그저 너무 수치스러울 따름입니다. 아무 결론에도 도달하지 못하면서, 이렇게 번민하는 태도를 보이는 것도 지긋지긋하고, 결실 없는 슬픔도 지긋지긋하니, 우리의 유산과 무의식적인 자동행위에 대해 "콤플렉스를 벗은" 관계를 맺자고요.

그렇지만 여기나 저기나 끔찍한 착각뿐이다. 사실 "수치심을 너무" 갖는다는 건 불가능하다. 일부 사람들이 죄의식을 느낀다고 요란하게 떠드는 건 있을 수 있는 일이다. 죄의식 때문에 히스테리를 부릴 수도 있고, 거기서 자기 입장을 엄숙하게 포장할 무언가를 찾을 수도 있지만, 그러나 수치심은 아니다. 그렇다. 정말이지 그들은 수치심이 없고, 수치심을 느끼고 싶어 하지 않는다. 안 그러면 그들은 털어놓지 못할 분노를 더욱 품게 될 테고, 없는 자들, 이민자들, 취약한 자들에 대해 그렇게 수사적 멋과 여유로움을 부리며 말하지 못할 것이다.

권리 승계자로 태어난 수치심은 '마땅히 치러야 할 대가'이고, 노예제도, 집단학살, 식민지 제국, 여성에게 가해진 차별, 최고 약자들에 가해진 착취의 흔적이 남은 역사를 물려받은 건 이를테면 '최저 임금' 같은 것이다. 최고 약자들, 피통치자들이 치른 대가는 비할 데 없이 엄청나다.

일요일의 스피노자 추앙자들이나 월요일의 니체 추앙자들은 이렇게 설교한다. 얼마나 많은 슬픔, 얼마나 많은 원한이 있었습니까, 프리모 레비의 말에 다시 한번 귀 기울여야 합니다. 그는 환기합니다. 세상에 대한 수치심에는 한 가지 명확하고, 제한되고, 결정적인 기능이 있는데, 그것은 우리의 면역을 길러줍니다.[10] 그것은 공포의 반복, 혐오 논리의 복귀를 예방해줍니다. 그러나《가라앉은 자와 구조된 자》의 저자는 이내 이런 질문을 던진다. 그렇지만 항체가 언제까지 유지될까요?

———

이 수치심에 대한 말을 듣기를 거부하는 자들은 쿼터제에 반대해 세정제로 씻은 무성無性 보편주의의 깃발을 흔들며 국회의 심의를 외치는 이들과 같은 사람들이다. 이 자리, 이 직위, 이 지위를 그들이 내게 금지했던 건 내가 여성이고, 인종차별을 받고, 사회적 약자였기 때문이다. 오늘날엔 그 자리와 직위와 지위를 인정하지 않으면서 내가 그것들을 오직 나의 사회적 출생, 내 피부색, 내 성으로 획득할 수 있었을 거라고 주장하며 비난한다!? 이런 식으로 그들은 정말이지 모든 전투에서 이겼을 것이다. "지성의 전투만 빼고"라고 볼드윈은 매섭게 쏘아붙인다.

교차적 고통으로서의 수치심, "다른 편의" 수치심은 불의의 메커니즘을 이해하고 분해하도록, 위선을 격퇴하고, 못된 짓을 앞당기고 계산하도록 부추긴다. 볼드윈은 쓴다. 당신은 한 번도 나를 바라볼 필요가 없었다. 나는 못된 짓을 피하고, 나의 고통을 이해하고 조금이나마 가늠하기 위해 당신을 알아야만 했다. 당신이 나에 대해 아는 것보다 나는 당신에 대해 많이 안다. 피지배자들은 의심하고, 문제 삼고, 물을 수밖에 없다. 사람들이 그들에게 무슨 생각을 하게 하건, 그들의 실패는 오직 그들의 탓일 수밖에 없기 때문이다. 볼드윈이 아메리카 흑인을 마주한 백인들에 대해, 여성을 마주한 남성들에 대해, 착취당하는 자들을 마주한 착취자들에 대해 하는 말은 이것이다. 그들은 자기 자신에게 끊임없이 거짓말을 하고, 현실을 보지 않고, 자신의 업적에 대해 착각한다. 영원한 승자들은 언제나 자신의 잔학함을 알게 되는 일을 피하려고 그들 가족과 나라에 관한 영웅적 신화들을 집어삼킨다. 그렇게 거짓말을 목구멍까지 가득 채워서 진지하고 천진하고 범죄적이라는 의미로 "무구"해진다. 그들은 자신들이 만들어내는 고통을 전혀 보지 못한다. 그저 직장에서, 결혼에서, 상속재산에서, 사회적 인식에서 나날이 견고해지는 그들 성공의 합법성에 대한 확신을 볼 뿐이다.

> 그들은 수십만의 생명을 해치고도 그걸 무시하고, 무시하고 싶어 한다. 〔…〕받아들일 수 없는 건 그런 약탈의 책임자들도 무구하다는 사실이다. 그들의 범죄를 구성하는 건 바로 그들의 무구함이다.[11]

무구함의 반대는 죄의식이 아니라 통찰력이다. 이건 사실 이미 창세기의 교훈이었다. 수치심을 느끼는 사람은 통찰력이 있어 불의가, 불공정이 어떻게 법과 사법기관과 교회의 지지를 받는지 본다.

———

불안한 양심, 기호를 좇는 몰이꾼 같은 수치심은 어느 정도로 지성과 혼동될 수 있을까? 《지하로부터의 수기》[12]에서 도스토옙스키는 간질환에 시달리는 우울한 사십 대

남자의 초상을 그린다. 그는 자신의 추락을 철저히 맛볼 수 있도록 치료를 거부한다. 이 전직 공무원은 자신을 깎아내리고, 우스꽝스러운 꼴로 노출하는 상황을 도발하기 위해 엄청난 에너지를 쏟는다. 마치 짜릿한 쾌락을 길어내려고 스스로 수모를 찾아 나서는 것 같다.

정신병리학적 진단에 그치자면 그를 정신적 마조히스트로 분류할 수 있을 것이다. 그러나 도스토예프스키는 변태 성욕자의 초상을 그린 것이 아니다.《지하로부터의 수기》에서 그는 수치심의 조건 자체를, 수치심의 가장 보편적인 가능성을 밝힌다. 의식 말이다. 우리는 이미 정신적 수치심의 특징으로, 위에서 내려다보는 심급으로(초자아) 의식에 대해 말했다. 그러나 여기서 얘기하는 건 다른 무엇, 훨씬 초보적인 무엇이다. 단순한 괴리, 단절로서의 의식이다. 의식은 미루고, 시간을 늦추고, 본능적 대답의 자동성을 깨뜨리고, 지속적인 연속을 부순다. "그러면 이제 뭘 하지?", "숙고하다", "여유를 갖다", "자문하다". 이 간격, 이 틈, 이 중단, 이 어둠의 선, 바로 이것이 의식이다.

《지하로부터의 수기》의 반영웅은 자신이 "행동파"라고 부르는 사람들, 즉각성과 우연성의 영웅들에 매료된다. 그들은 술을 마실 때나 싸울 때나 잘 때나 한결같다. 고심하지 않고 온전히 행한다. 그들은 전적으로 인물 그대로다. 충실한 친구, 용감한 군인, 흥청거리는 사람 등. 그들은 실존의 파렴치한들이다. 자신들이 하는 모든 일에 불안 없이 온전히, 흡족한 양심으로 임한다. 이들을 볼드윈은 "무고한 자들"이라고 부른다.

《지하로부터의 수기》의 화자는 의식의 병자다. 의식이 표상하는 상처, 의식이 낳는 부정성이 모든 걸 뒤덮었다. 그로 인해 실세계는 둘로 나뉘어 끊임없이 주저한다. 의식은 지속적인 되풀이를 강요한다. 과거의 재를 휘젓고 다시 휘저으며(이걸 했어야 했는데, 저걸 말했어야 했는데 등등), 제 먹잇감을 원한 속에 빠뜨린다. 의식은 현실의 신화를 깬다. 끌어안거나 깔깔대고 웃는 동료 앞에서, 고함치는 상사 앞에서, 머리를 매만지는 아내 앞에서 나는 자문한다. 그런데 여자들은 어떤 역할을 연기하는 걸까? 어떻게 저들은 자기 허영심에 쪼개지지 않고 버틸 수 있을까? 모든 것이 가면극임이 드러난다. 의식은 틀에 박힌 도덕적 모순들을 폭발하게 한다. 의식은 진동을 일으켜 명백한 대립들, 굳은 정체성들을 균열 낸다. 이를테면 왜 우리는 "기능하는"

모든 존재보다 술꾼이나 매춘부 또는 낙오자에게서 완전한 인류의 본보기들을 찾지 못할까?

양심은 의식이 아니라 만족한 침체 상태다. 모든 의식은 현실에 균열을 내는 부정성을, 근사한 역할들을 분해하는 산성액을 방울방울 배출한다. 수치심은 거기서 막대하고 절망에 찬 통찰력을 발견한다.

혁명적 수치심

나는 로스탕의 극작품 《시라노 드 베르주라크》에서 시라노가 기형으로 엄청나게 큰 그의 코에 대해 언급하며 그를 모욕하려는 청년에게 던진 대사를 생각한다. 그를 대하는 사람들은 대개 코 이야기를 피한다. 그만큼 사람들은 그 "장애"에 대한 언급이 무시무시한 분노를 불러일으킬까 겁내는 것이다. 웬 경박한 청년이 다가와서 무례하게 말한다. "당신, 당신, 코가…. 코가…." 그는 조금 생각하더니, 재치가 부족한지, 초라하게 말을 마무리 짓는다. "아주 크시네요." 그러자 시라노는 짜증이 난 듯 연기하며 화를 낸다(젊은이, 좀 짧군요!). 그러곤 돌출한 자신의 코가 영감을 줄 법한 온갖 우스꽝스럽고 고약한 돌출부들을 공공연하게, 시적으로, 바로크풍으로 나열한다…. 마법 같은 장광설이다. 시라노의 경우는 물론 모호하다. 그가 자신에게 주어진, 너무 눈에 띄는 그 특성, 추함의 가면에 분명히 괴로워하기 때문이다. 그러나 이 시적 응수로("이걸 뭐랄까, 곶? 아니 이건 반도지…"), 시라노는 반전의 첫 번째 형태를 생각하게 해준다.

수치심의 반전 명령이 우리 시대를 관통한다. 그 명령은 ""수치심을 가져야 할 건 우리가 아니라 바로 당신들이다!" 라거나 혹은 "더는 자신을 부끄러워하지 말라!" 같은 서문에서 인용한 슬로건들 속에서 읽을 수 있다. 반전이라는 생각은 다양한 술책들을 떠올리는데, 그것을 네 가지 논리에 따라 말해보면 도치, 투사, 전복, 정화다.

시라노가 첫 직감을 내놓은 도치는 우리가 니체의 계획을 빌려서 "가치의 전복"이라고 부를 수 있을 것에 있다. 사실, 그것은 내가 나를 은밀히 부끄럽게 할 수 있는 것에 대해 떳떳하게 생각하고, 부끄러운 은닉의 대상이 된 것, 혹은 열등감이나 과소평가의 대상이 된 것을 공개적으로, 용감하게, 맹렬히 주장하는 것이다. 가장 유명한 예는 사람들이 예전에는 "일탈"로 보았으나 지금은 당당하고 무례하고 기고만장하다시피 과시하는 성性의 유쾌한 선언으로 자리잡은 게이 프라이드(Gay Pride, 혹은 "자긍심 행진")이다. 사람들은 삶의 방식인 에토스와 맺는 관계를, 정체성 구축을, 공동체를 이루는 기쁨을 긍정하는 동시에 자신의 성적 차이도 긍정한다. 육체적 낙인의 영역으로 돌아가면, 날씬함과 가벼움을 과대평가하는 세상에서 과체중, 비만에 대해 동일한 변증법을 차용한 주장들이 전개되는 걸 볼수 있다. 자신의 몸매를 받아들이고, 더는 그 때문에 우울해하지 않고, 그것을 긍정적인 차이로 삼고, 심지어 정체성과 문화의 융합점으로 삼는 것이다. '비만 연구'의 발전을 보면 학문적 융합점까지 될지도 모른다.

앞에서 피부색과 연관된 고통스러운 낙인에 대해 말했으니, 세제르와 레오폴 상고르가 만들고 격상시킨 '네그리튀드'라는 개념도 어떤 면에서 이 도치 시도에 해당한다고 생각할 수 있다. 문화유산을 주장하고, 북적거리는 정체성 속에 뿌리내리고, 자신이 가치 공동체에 소속됨을 외치니 말이다. 가장 위대한 시인들은 설득력 있는 제목의 시집에서(《검은 제물Hosties noires》[1], 《검은 광석Minerai noir》[2]) 충만한 색, 퇴색하지 않는 광택, 놀라운 깊이 등 흑인의 월등함을 찬미할 것이다. 도치는 초보적 수사법이지만 이 단순한 전복에서 효력을 남김없이 끌어낸다. 자신을 받아들일 뿐 아니라 자신의 차이점을 공개적으로 연마하는 것이다. 부정적인 판단들, 낙인은 내적 전향을 통해 용해되고, 토막 나고, 쪼개지는데, 그것을 공개적 과시가 지원한다. 그렇게 자긍심은 공유된다.

전복의 두 번째 길은 "투사"의 형태를 취한다. 좀 더 명확히 말하자면 발신인에게 돌려보내는 형태다. 이것은 앞에서 이미 만난 표현이다. "수치심을 가져야 할 건 우리가 아니라 바로 당신들이다!" 이 표현은 강간자들, 근친상간 가해자들, 폭행범들 등, 희생자들의 수치심에서 자신들에 대한 무처벌의 원칙을 보는 이 모든 사람들을 꼼짝 못하게 만들 때 어김없이 쓰이는 것이다. 이미 말했듯이, 페렌치는 애초 전이의 매커니즘을 설명했다.[3] 가해자들은 그들 행위의 무거운 수치심을 희생자에게 지운다. 희생자는 그것을 거를 줄도 무력화할 줄도 모른 채, 쇼크 상태로 인해 가해자의 정서에 쉽게 물들어 그 수치심을 자신의 것처럼 느낀다. 그러므로 정말이지 발신자를 향한 반송이라 말할 수 있는데, 하지만 이 전이는 변신이기도 하다. 진영을 바꾸는 이 수치심은 본질까지 바꾼다. 그것은 더는 내게 닥치는, 뭐라 형언할 수 없는 것에 대한 불안이 아니다. 그것은 어떤 비열함, 가해자의 비열함에 대한 공개적 선언이다.

전복의 세 번째 형태는 파괴다. 사회적 멸시에 대해 말하면서 우리는 견유학파들, 프란치스코회 수도사들, 간디의 얼굴을 이미 언급했다. 저마다 제 방식으로 사회적 멸시가 지목하는 자리를 고집스레 붙들지만, 그 자리를 중대한 지렛대처럼, 깃발처럼 취한다. 간디는 교통수단을 제일 낮은 등급만 탔고, 언제나 손으로 짠 면제품을 입었다. 견유학파들이 재산으로 가진 건 외투 겸 지붕으로 쓰는 털외투 하나, 걸을 때 쓰는 지팡이 하나, 바랑 하나뿐이었다. 프란치스코 수도사들은 청빈 서약을 했다. 그러나 우리가 이런 엄격함에서 부에 대한 고전적인 멸시만을 본다면 너무 섣부른 판단이 될 것이다. 또다시 우리가 견유학파들, 프란치스코 수도사들, 간디와 함께하지만, 그들은 단순히 물질적 부를 단죄하고 내면의 부를 주장하는 것과는 거리가 멀다. 오히려 사람을 강하게 단련시키는 수모를 위해 시련의 장場으로, 자기 자신을 단련하기 위한 기회로 가난을 찾아 나서는 것이다. 선택되고 주장되는 이 철저한 가난은 모범적인 담론을 통해서가 아니라, 생활양식을 눈에 띄게 즉각적으로 보여줌으로써 효과를 내는 도발의 공간을 펼쳐 보인다.

장 주네는 다른 "치욕"의 장소들을 점유함으로써 이 도발의 힘에 새로운 차원을 입힌다. 비참(가난 너머), 동성애, 범죄 등의 장소들 말이다.[4] 여기서 나는 주네가 뛰어들었던 도전, 《도둑일기》에서 이야기한 그 도전을 다시 생각한다. 그가 그런 생각을 떠올린 건 청소년 범죄자들을 수용한(그들의 "명예 회복"과 "교화"를 위한) 메트레 감화원, 그 치욕의 현장에서였다.

나는 머리가 빡빡 밀리고, 불결한 옷을 입고, 그 비루한 장소에 던져졌다는 사실에 지독한 수치심을 느꼈다.[5]

이제 "참담함을 딛고 어떻게 살아남을까?" 주네는 "엄격한 규율"에 굴복하는 걸 지어내고, 그것을 자기 자신에게 던지는 도전으로, 특별한 윤리적 방법론으로, "정신 단련"이라 부른다.

그 메커니즘은 대략 이랬다(앞으로 이걸 활용할 생각이다). 나에 대한 모든 비난에, 그것이 아무리 부당한 것일지라도,

마음속으로 긍정으로 대답하는 것이다.[6]

　수치심을 지우려는 것도, 그걸 자부심으로 바꾸려는 것
도 아니고, 차라리 모욕을 재빨리 포착해서 지렛대로 삼고
욕설이 펼쳐진 공간을 점령하고("나는 사람들이 보는 대로 내
가 비겁하고 배신자이며, 도둑이고 호모임을 인정했다"[7]) 정착해서
그곳을 다시 내 것으로 만들려는 것이다. 그러나 여기서 말
하는 것은 결코 고통스러운 체념과 자기경멸로 이끄는 내
면화가 아니다. 비록 욕설의 내용과 일치하기로 받아들인
다고 해도. 그보다는 자기 자신과 타인들에게 던지는 도전
의 형태를 띤 단호한 내적 투사다. 그렇다. 나는 "비겁하고
배신자이며, 도둑이고 호모"가 될 테지만, 당신들이 낙인
찍는 환상으로도 상상하지 못했을 만큼 훨씬 광적으로, 훨
씬 강도 높게 그럴 것이다. 이것은 수치심을 자부심으로 바
꾸는 연금술을 실행한다는 의미가 아니라 수치심 속으로
자유롭게 들어서고, **자발적으로** 치욕 속에서 버틴다는 의
미다. 주네는 응답한다. 당신들이 나를 치욕의 구석으로 내
몰면, 나는 그곳을 희열의 정원으로, 창조와 향유의 공간으
로, 서정시의 공명상자로 만들겠다. 당신들은 나를 거부함

으로써 나를 진부와 범용의 구속에서 해방했다.

그는 이 규율을 세심하게 지키며 2년을 보낸 뒤 이렇게 확인한다. "나는 강했다."[8] 그래서 "나는 비천해졌다"[9]. 비천함을 수용하고, 시적으로 주장까지 한다면 낙인찍은 사람은 혼란과 불안을 느끼고 심기가 편치 않을 것이다. 자신의 배제행위가 자신의 통제를 벗어났으니 말이다. 낙인찍는 자는 말한다. 나는 당신을 말소하고 정화하고 내쫓고 싶지만, 당신의 추락이 계속 은밀히 통제되고 조정되어서, 그것으로 나의 우위를 재확인하는 요소로 삼을 수 있어야 해. 모욕당한 자는 스스로 비천해짐으로써 자신에게 언도된 판결에서 벗어나고, 배척당한 자라는 자신의 조건을 오히려 위반의 요소로, 매혹적인 향유의 가능성으로 만든다. 따라서 치욕을 가하는 자는 자기 입장에 갇혀서 상대의 비천함 속에서 자신의 진실이 파편이 되어 흔들리는 걸 지켜볼 수밖에 없고, 스스로 자기 위선에 갇힌 신세임을 자각하게 된다. 반면에, 낙인찍힌 자는 자신의 수치심 속에서 낄낄거리며 그 기이한 불빛 아래 자유로운 자신을 발견하는 것이다.

적어도 내 수치심이 진실하다면 그것은 훨씬 더 날카롭고 위험한 요소를, 도발하는 자들을 줄곧 겨눌 일종의 독침을 감추고 있다.[10]

네 번째 방식은 정화다. 수치심 가운데 순수한 분노의 몫이 들리고, 울리고, 솟아나게 하는 것이 관건이다.

프리모 레비가 《휴전》에서 아우슈비츠 수용소의 해방에 관해 들려주는 이야기를 다시 인용해본다. 독일군은 소련군이 도착하기 직전에 수용소를 떠났다. 말을 탄 청년 러시아 병사 넷이 다가와 부서진 막사들, 아무렇게나 널브러진 시신들, 그리고 굶주린 채 넋이 나간 생존자들과 그들의 텅 빈 눈길을 발견한다. 프리모 레비가 그 병사들의 눈에서 보는 것은 물론 연민과 동정이지만, 이상하게도 그의 마음을 짓누르는 건 병사들의 앙다문 입술에 실린 거북함, 당혹감이다. 그건 수치심이다. 그리고 그는 그 수치심을 알아본다고 말한다.

그것은 우리가 익히 알고 있는 바로 그 수치심이었다. 가스실로 보내질 인원 선별이 끝난 뒤, 그리고 매번 모욕을 당하거나 지켜봐야 했을 때마다 우리를 덮쳐오던 그 수치심. 독일인들은 알지 못하던 수치심, 타인들이 저지른 잘못 앞에서 올바른 자가 느끼는 수치심이었다.[11]

올바른 자의 수치심, 그것은 그가 인간의 타락을 마주하고 지켜봐야 하는 자신의 무능에 대한 고통스러운 시련이다. 그것은 분노와는 전혀 달라서, 결국엔 힘이 되는 고결한 노여움이고, 우리를 양심 한가운데 자리 잡게 해주는 마음 놓이는 태도이다. 우리는 요란하게 분노하고, 소리 높여 불의를 고발하고, 자신의 권리와 타인들의 권리를 확신하며 자신을 볼거리로 내놓는다. 수치심이 말이 없는 건 그것이 고통이기 때문이다. 엄청난 모욕과 무력감 사이에서 느끼는 찢기는 고통인 것이다. 프리모 레비의 이야기에서 기진맥진하고 핏기 잃은 수용소 수감자들과 러시아 청년 병사들을 잇는 건 수치심이다. 수감자들은 해방을, 새 삶을, 구원을 뜻하는 병사들을 봐도 인사도 못 건네고, 미소도 짓지 못하고, 병사들은 누더기 차림의 그 인간들을 보며 아연실색한다. 수치심은 하나의 정치 공동체의 윤곽을, 후들거리지만 끈질긴 윤곽을 그린다.

나는 제임스 볼드윈에게서도 동일한 영감을 다시 접한다. 그는 파리에서 더글러스 마틴의 사진 한 장을 발견하는데, 하딩 고등학교에 최초로 받아들여진 흑인 여학생 도로시 카운츠를 찍은 사진이다. 사진작가는 머리 곱게 빗은 백인 청년들이 에워싸고 증오의 웃음을 낄낄거리는 가운데 학교로 가는 여학생을 보여준다.

그때 나는 그 사진을 보았다. 그늘진 대로의 가판대마다 게시된, 열다섯 살 도로시 카운츠의 사진들이 우리 앞을 가로막았다. 노스캐롤라이나주의 샬럿에 있는 학교 교실로 향하는 그녀에게 군중은 욕설을 퍼붓고 침을 뱉었다. 말로 형용할 수 없는 자긍심과 긴장, 불안이 여학생의 얼굴에서 읽혔다. 그녀는 역사의 조롱을 등지고 지식의 사원으로 다가가고 있었다. 그 사진을 보자 화가 치밀었고, 증오와 연민이 동시에 엄습했다. 그리고 나는 부끄러웠다. 우리 가운데 한 사람쯤은 그녀와 함께 저 자리에 있었어야 했는데.[12]

우리가 그녀와 함께 그 자리에 있었어야 했는데. 수치심은 연대連帶의 표식기다. 그것은 세상의 어리석음, 운 좋은 자들의 잔인한 악의에 대한 분노이자 증오이고, 또한 자기 자신에 대한 은밀한 분노이다. 그걸 막기 위해 나는 뭘 했지? 아무것도 하지 않았다.

그리스 철학자들은 수치심의 뿌리를 투모스thumos(심장, 마음)에 두었는데, 그것을 감정적인 방식이 아니라, "진심을 쏟아 일한다"고 말할 때처럼 역동적인 방식으로 이해해야 한다. 뜨거운 열정, 자신과 세상을 변화시키는 에너지, 실존의 연료로 이해해야 한다. 투모스에 뿌리를 둔 수치심은 그리스인들에게는 분노의 자매로 나타난다. 이 분노는 아리스토텔레스의 경우엔 결코 비합리적인 격정이나 과도한 격앙, 충동적 범람을 의미하지 않는다. 다시 한번 그의 정의를 인용해본다. "분노란 우리를 향한 또는 우리 가족을 향한 공개적 멸시, 부당한 멸시를 마주하고 공개적 복수를 바라는 비통한 욕구다."[13]

그는 분노 속에 슬픔을 집어넣는다. 수치심과 같은 색으로. 우리는 깎아내리는 평가를, 가치를 실추시키는 모욕을, 굴욕적인 실패를 겪는다. 그러면 분노가 즉각 복수의 욕구를 불러일으킨다. 나는 당신이 정해주는 그런 사람이 아니다. 멸시는 정의에 대한 부정이다. 분노는 이 구속에 맞서 생명의 힘이 노호하는 소리를 들려준다. 아니다, 정말이지, 나는 그런 캐리커처로 환원되지 않는다. 나는 당신이 흔들어대는 그 미천한 클리셰가 아니다!

처음에는 고통스러운 울분처럼, 우리를 갉아먹는 광적인 격노처럼 느껴지는 이 분노는, 계속해서 자신을 향한 폭력처럼 존재하지만 않는다면, 정치적, 집단적 분노, 방향을 띤 분노의 형태를 취하면서 정화되고 승화될 수 있다.

———

수치심이 혁명적일 수 있는 건 그것이 세상과 자기 자신을 향한 분노에 속하기 때문이며, 또한 그것이 상상력으로 작동하기 때문이기도 하다. 수치심을 가지려면 상상력이 필요하다. 상상력은 가장 참담하고 메마르고 황량하며 편집광적인 형태로 우리의 수치심을 타인들의 정원으로 데려간다. 지금 이 순간 그들은 얼마나 나를 멸시할까, 아니면 동정할까. 저들의 조롱 섞인 웃음이, 잔혹한 야유가 들리고, 역겨운 얼굴이 보인다. 나는 더는 말도 하고 싶지 않고, 아무도 보고 싶지 않다. 타인들을 대면하는 일이, 그들의 존재가 내게는 재앙 같다. 상상력이 슬픔에 봉사하면 나는 고독에 내몰린다.

그런데 그건 분노가 수치심에 충분히 불을 붙이지 않았기 때문이다. 나쁜 상상력이다. 좋은 상상력은 불꽃의 호출에 일어서고, 우리의 정체성을 다시 그리고, 새로운 정체성들을 지어내고, 연대의식을 창조하고, 격노를 빚는다. 그것은 지형을 다시 그리는 힘, 투사의 힘이다. 아니다, 나는 하찮은 여자도 아니고, 가련한 남자도 아니다. 나는 당신이 경멸하는 것보다 훨씬 가치 있다. 상상력은 역동적이어서 나를 밖으로 뻗어 나가게 한다. 루소는 연민이 움직임을 가정한다고 말했다. 연민이란 우리 자신에서 벗어나 타인의 내면으로 옮겨가는 것이기 때문이다("우리가 고통을 느끼는 건 자신의 내부가 아니라 고통을 느끼는 그 사람 안에서다"[14]). 마찬가지로 수모의 광경, 체면을 잃지 않으려고 애쓰는 비장한 시도들, 타인이 웃음거리 속에 처박히는 광경을 보면 나는 아무렇지 않지 못한다. 나는 그 남자를 대신해 수치스럽고, 그 여자 때문에 아프다. 나의 상상력은 나를 그들이 느끼는 공포의 한복판으로 실어갔다. 질 들뢰즈가 "인간이라는 수치심"에 대해 프리모 레비가 쓴 문장을 환기할 때 떠올린 본보기들은 직접 겪은 수치심의 예들이 아니라 우리가 타인들을 대신해 수치심을 느끼는 순간들이다. 그는 인종차별주의자 택시 운전사의 민망스러운 생각을 언급하고는 그를 대신해 수치스러워한다. 다시 말해택시 운전사의 내면으로 이동해, 욕구불만과 증오로 썩고, 분별 잃고 원한 품은 그의 자리에 선다. 이 움직임이 바로 상상력이다.

무엇보다 상상력은 도약하고, 분리하고, 현실과 그 수용원칙을 갈라놓는다. 우리가 현실을 규정하려 할 때는 "물질성", "저항력", "응집력", "생산성" 등에 대해 말한다. 그러면서 우리는 눈에 띄지 않은 이 작은 구성요소, 너무도 자주 말 없이 지나치는, 이목을 끌지 않지만 중요한 이 요소를 놓친다. 바로 수용원칙이다. 우리가 어떤 사물에 대해, 그 사물이 실재하는 상황에 대해 말할 때는 물밑에서 속삭이는 작은 소리에 귀를 기울여야 한다. 자, 자, 피곤하게 굴지 말고 그만 싸움을 멈춰. 이건 그저 현실이야. 체념하고거기에 맞추고, 견디고, 동조해야 해. 그만 반항해. 강자들의 입에서 현실이라 불리는 것, 그들이 그 단어를 위선적인한숨과 거짓 무기력과 진짜 오만을 실어 내뱉는다면("어쩌겠어요, 현실이 그런 걸…"), 그건 정확히, 받아들여야 한다는 의미다. 온갖 방식의 사회적 불의, 불공정한 차별은 언제나 존재해왔다. 너는 보잘것없는 보수를 받고, 네 일을 해, 고개를 처박고, 네가 운이 좋은 거라는 사실을 명심하라고, 어쨌든 안 그랬다간 다른 사람이 네 자리에서 그 일을 하게 될 테니, 치사하고 더러워도 그 일을 받아들여.

이에 맞서 강력한 상상력이 일어나 포효한다. 어떤 일이 현실이라고 꼭 그걸 받아들여야 하는 건 아니라고. 악의 진짜 평범성은 한나 아렌트가 썼듯이 "생각의 부재"가 아니다. 혹은 단지 그것만은 아니다. 그렇게 믿는다면 생각을 너무 과대평가하는 것이다. 우리의 악덕, 우리의 결정들에 미치는 생각의 힘, 그 영향력 말이다. 악의 평범성의 뿌리는, 나를 타인의 자리에 서보게 하거나 가능한 다른 세상들을 고려해보게 하는 이 상상력의 태만이다. 게다가, 사회 체제와 대중문화는 상상력을 **좌절시키려는** 시도들처럼 작동한다.

마르크스는 "수치심은 혁명적 감정이다"라고 쓰고 나서 즉각 이렇게 잇는다. "모든 민중이 수치심을 느낀다면 당장 달려들 사자 같을 것이다."[15] 모든 것이 이 말에 들어 있다. 격노, 동물-되기, 집단적 차원, 자신과 세계의 병존하는 변화까지. 슬픔과 분노 사이에서 고통스럽게 흔들리는 수치심은 이중의 운명을 겪는다. 형체를 일그러뜨리는 어둡고 추운 운명은 고독한 체념으로 이끌고, 환하고 불타는 운명은 변모시키고, 집단적 분노를 일깨운다. 프로이센군이 안긴 패배 이후 분노-수치심이 폭발한 것이 파리코뮌이다.

> 파리코뮌이 그에겐 감내한 수치심들의 복수로, 팔다리를 자르는 불, 정화하는 불을 가져오는 해방자로 보였다.[16]

살만 루시디는 썼다. 두 가지 주된 "폭력의 뿌리"는 "수치심"과 "수치심의 부재"[17]라고. 그리고 그건 동일한 폭력이 아니다.

멸시 섞인 모욕, 비열한 비하, 추잡스러운 착취, 약탈적 학대로 이루어지는 파렴치하고 냉소적인 폭력, 그것은 발가벗은 힘이다. 타인을 사물처럼 무한히 향유하거나 폐기물처럼 다루는 발가벗은 힘.

하지만 또한 억눌린 분노, 무력한 격분의 폭력도 있다. 그럴 때 우리는 더러운 슬픔 속에 붙들리고, 족쇄가 채워지고 제한되고 묶인 느낌이 든다.

정서로서 수치심은 언제나 붙들고, 유지하고, 멈춰 세우고, 억제한다는 사실과 연계되어 있다. 그것은 편의와 상스러움과 배덕의 문턱에서 타인들에 대한 상상력의 도움을 받아(저들이 뭐라고 생각할까, 혹은 뭐라고 말할까, 이미 그들의 머릿속이 훤히 보여) 자제하는(아이도스) 윤리적 힘이 될 수 있다. 그리고 타인의 눈길이 뿜는 날것 그대로의 잔인한 빛에 붙들리고 노출된 포로처럼 느껴져, 그저 사라져서 땅속으로 꺼지기를 바라는 뜨거운 경험이 될 수도 있다. 또한, 불공정하고 보잘것없고 어리석은 세상에 대한 저항심이기도 하다.

그리고 수치심은 한계를 느끼는 감정이기에 언제나 변화를 향한 부름이다.

주

서문

1 J.-J. Rousseau, *Les Confessions*, livre II. 이 이야기에 관해서는 P. 오샤르의 깊이 있고 빛나는 분석을 참고할 것. P. Hochart, "L'espace intime", in C. Habib, *La Pudeur : la réserve et le trouble*, Autrement, 1992, pp. 188~200.

2 S. Tisseron, *La Honte. Psychanalyse d'un lien social*, Dunod, 2020, 4e édition.

3 V. de Gaulejac, *Les Sources de la honte*, Seuil, 2015, 2e édition.

4 D. Eribon, *Une morale du minoritaire*, Flammarion, 2015.

5 C. Jamin, *La Honte, ses figures et ses destins*, PUF, 2007.

6 J.-P. Martin, *La Honte. Réflexions sur la littérature*, Gallimard, 《Folio essais》, 2017.

7 R. Ogien, *La honte est-elle immorale?*, Bayard, 2002.

8 2002~2003년 대우 로렌 공장의 해고로 실업 상태에 놓인 여성 노동자들의 이야기를 다룬 소설《대우-Daewoo》. F. Bon, *Daewoo*, Fayard, 2004.

9 J. Ziegler, *Lesbos. La honte de l'Europe*, Seuil, 2020.

10 B. Cyrulnik, *Mourir de dire*, Odile Jacob, 2012.

11 이런 점에서 다음을 참고할 것. E. Bidaud, C. Trono (dir.), *Il n'y a plus de honte dans la culture*, Penta, 2010.

12 A. Finkielkraut, G. Hanus, "Il y a quelque chose à dire en faveur de la honte" in *Cahiers d'études lévinassiennes*, 7, 2008.

13 F. Gros, *Désobéir*, Albin Michel, 2017.

14 P. Levi, *Les Naufragés et les Rescapés*, trad. A. Maugé, Gallimard, 1989.

15 J.J. 루소는 연민과 관련해서(수치심과 연민은 상상력이 떠받치는, 인간

관계의 두 가지 주요 정서다) 상상력으로 작동하는 중심이탈의 역학을 강조하기 위해《언어 기원에 관한 시론Essai sur l'origine des langues》(1781)에서 이렇게 썼다. "우리가 고통을 느끼는 건 자신의 내부가 아니라 고통을 느끼는 그 사람 안에서다."

16 에두아르 루이는 문학의 경계선에 자리한 그의 충격적인 저서들에서 자신을 수치심의 작가로 소개할 만한데, 수치심을 단지 대상으로만 다루는 게 아니라 자신의 글의 주관적 원천으로 삼는다. (2018년 5월 4일 자 일간지《리베라시옹Libération》에 실린 C. 드바리외C. Devarrieux와의 대담을 참고하라.)

악평

1 이 점에 관해서는 다음을 참고할 것. J.G. Peristiany (éd.), *Honour and Shame : The Values of Mediterranean Society*, University of Chicago Press, 1966; C. Cassar, *L'Honneur et la honte en Méditerranée*, Édisud, 2005.

2 J. Pitt-Rivers, *Anthropologie de l'honneur. La mésaventure de Sichem*, Le Sycomore, 1987.

3 F.H. Stewart, "De l'honneur", in *L'Homme*, vol. 37, no 143, juillet-septembre 1997.

4 이 대립에 관해(그리고 수치심과의 관계에 관해)서는 다음을 참고할 것. F. Tricaud, *L'Accusation*, Dalloz, 1977.

5 이 매커니즘에 관한 가장 충격적인 분석은 여전히 R. 베르디에의 "복수 체계"에 관한 텍스트다.《Le système vindicatoire》, in R. Verdier (dir.), *La Vengeance*, Cujas, 1980.

6 S. 오바이드-치노이,《어 걸 인 더 리버》, 2016년 아카데미 단편 다큐멘터리상 수상.

7 J. Conrad, *Lord Jim*, trad. H. Bordenave, Gallimard, 1987. Cf. l'analyse de J.-L. Donnet, "Lord Jim ou la honte de vivre", in *L'Humour et la Honte*, PUF, 2008.

명예 없는 사회?

1 "수치심의 문화", "죄의식의 문화"의 대립에 관해서는 R. 베네딕트가 《국화와 칼》(*Le Sabre et le Chrysanthème*, trad. L. Mécréant, Picquier, 1998)에서 보여준 원조 격의 성찰과, 그 뒤를 이은 E. R. 돕스의 《그리스인과 비합리성》(*Les Grecs et l'irrationnel*, trad. M. Gibson, Flammarion, 1999), B. 윌리엄스의 《수치심과 필연성》(*La Honte et la Nécessité*, trad. J. Lelaidier, PUF, 1997.)을 참조할 것. C. 카시라기와 R. 마조리가 쓴 《열정의 군도》(*L'Archipel des passions* de C. Casiraghi et R. Maggiori, Le Seuil, 2018)의 "수치심"이라는 장에서는 수치심의 그리스적 의미에 대한 강력한 분석을 만날 수 있다.

2 Saint Augustin, *La Cité de Dieu*, livre I, chap. xix.

3 다음을 참고할 것. L. Dumont, *Homo aequalis*, Gallimard, 2008; C. Tilly, *Contrainte et capital dans la formation de l'Europe, 990-1990*, trad. D.-A. Canal, Paris, Aubier, 1992.

4 M. Foucault, *Les Anormaux*, cours au Collège de France du 5 mars 1975, éd. V. Marchetti, A. Slomoni, Gallimard-SeuilHautes Études, 1999.

5 다음을 참고할 것. M. Foucault, A. Farge, *Le Désordre des familles*, Gallimard, 1982.

6 다음을 참고할 것. B. E. Harcourt, *La Société d'exposition*, Seuil, 2020.

7 J. Ronson, *La honte!*, trad. F. Pointeau, Éd. Sonatine, 2018.

사회적 멸시

1 E. Rostand, *L'Aiglon* (1900), acte II, scène VIII.

2 A. Ernaux, *Les Armoires vides*, Gallimard, 1974, p. 60.

3 A. Ernaux, *Retour à Yvetot*, Éd. Mauconduit, 2013, p. 22.

4 *Ibid.*

5 A. Ernaux, *Une femme*, Gallimard, 1989.

6 F. Fanon, "L'expérience vécue du Noir" (mai 1951), in *Peau noire, masques blancs*, Points Seuil, 2015.

7 Didier Eribon, *Retour à Reims*, Fayard, 2009.

8 J. London, *Martin Eden*, trad. C. Cendrée, 10–18, 1997.

9 R. Hoggart, *La Culture du pauvre*, Éd. de Minuit, 1970.

10 G. Mordillat, *Vive la sociale!*, Points, 2005.

11 A. Ernaux, *La Place*, Gallimard, 1986.

12 Épictète, III–22, 47~48 ("Portrait du cynique").

13 V. de Gaugelac, *op. cit.*; C. Dejours, *Souffrance en France. La banalisation de l'injustice sociale*, Seuil, 2009.

14 In V. Hugo, *Les Châtiments* (1853).

15 Aristote, *Rhétorique*, livre II, 1378b.

16 "Annie Ernaux, "Je voulais venger ma race"", *Bibliobs*, 9 décembre 2011.

17 A. Camus, *Le Premier Homme*, Gallimard, 2016.

유령 이야기

1 "첫 구조 속 수치심은 누군가 앞에서의 수치심이다." "La honte dans sa structure première est honte devantquelqu'un", in J.-P. Sartre, *L'Être et le Néant*, Gallimard, 1943, p. 260.

2 V. Hugo, "La conscience", in *La légende des siècles* (1859~1877).

3 V. Hugo, "La conscience de l'homme c'est la pensée de Dieu", in *Les Châti-ments* (1853).

4 E. Kant, *Métaphysique des mœurs. Doctrine de la vertu*, I, 13.

5 P.C. 라카미에가 1986년에 최초로 포착해 묘사하고 이론화한 유형.

6 이 용어는 하인츠 코헛이 만들었다. 다음을 참고할 것. H. Kohut "Réflexions sur le narcissisme et la rage narcissique", in *Revue française de psychanalyse*, 1978, no 42, pp. 683~719.

7 S. Freud, in *Pulsions et destin des pulsions* (1915), trad. O. Mannoni, Payot, 2018.

8 B. Friedan (1963), *La Femme mystifiée*, trad. Y. Roudy, Belfond, 2019.

9 이 사건에 관해서는 다음을 참고할 것. D. Toutenu, D. Settelen, *L'Affaire Romand. Le narcissisme criminel*, L'Harmattan, 2003.

10 E. Carrère, *L'Adversaire*, P.O.L., 2000.

11 Primo Levi, *Le Fabricant de miroirs*, trad. A. Maugé, LGF, 2001, p. 125.

12 P. Levi, in *Il manifesto*, 5 mai 1983.

13 F. Kafka, *Journal*, octobre 1917.

우울

1 É. Zola, *L'Assommoir*, 1877.

2 S. Freud, "Préface à l'édition allemande", dans J.G. Bourke, trad. H. Boisseau-Riou, *Les Rites scatologiques*, trad. PUF, 1980.

3 L. Binswanger, *Le Cas Ellen West*, trad. P. Veysset, Gallimard, 2016.

4 M. Scheler, *La Pudeur*, trad. M. Dupuy, Aubier, 1952. 수줍음에 관해서는 다음에 실린 아델 반 리트와 에릭 피아트가 나눈 아름다운 대화를 읽어볼

것. La Pudeur, Plon, 2016.

5 A. Mardon, "Honte et dégoût dans la fabrication du féminin" in *Ethnologie française*, vol. 41, 2011.

6 É. de La Boétie, *Discours de la servitude volontaire* (1576).

7 F. Virgili, *La France "virile". Des femmes tondues à la Libération*, Payot, 2019.

8 I. Hermann, *L'Instinct filial*, trad. G. Kassai, Denoël, 1973.

9 J. Bowlby, *L'Attachement*, trad. J. Kalmanovitch, PUF, 2002.

10 예를 들어 다음을 참고할 것. S.S. Tomkins in *Affect, Imagery, Consciousness*, vol. 2 : *The Negative Affects*, New York, Springer, 1963.

사회적 사실: 근친상간, 강간(외상성 수치심)

1 A. Ernaux, *Mémoire de fille*, Gallimard, 2018.

2 R. Antelme, *L'Espèce humaine*, Gallimard, 1978, pp. 240~242.

3 J.-Y. Le Naour, *Les Soldats de la honte*, Tempus-Perrin, 2013.

4 D. Fassin, R. Rechtman, *L'Empire du traumatisme*, Flammarion, 2011.

5 특히 스코토 디 베티모 박사가 다음 저작에서 잘 연구한 사례들. Scotto di Vettimo, *Vivre et survivre dans la honte. Aspects cliniques, psychopathologiques et théoriques*, PUG, 2007.

6 이와 관련해서는 다음을 참고할 것. *Viol. Le procès d'Aix-en-Provence*, L'Harmattan, 2012; à compléter par J.-Y. Le Naour, C. Valenti, *Et le viol devint un crime*, Vendémiaire, 2014.

7 "폭력, 구속, 위협 또는 기습에 의해 타인에게 또는 본인에게 범해진 모든 종류의 성적 삽입 행위는 강간이다."

8 〈렉스프레스 L'Express〉, 2017년 12월 21일자(E.Ton의 기사).

9 Éva Thomas, *Le Viol du silence*, Aubier, 1986.

10 예를 들어 다음을 참고할 것. V. Le Goaziou, *Viol. Que fait la justice?*, Presses de Sciences Po, 2019 et N. Renard, *En finir avec la culture du viol*, Les Petits Matins, 2018.

11 예를 들어 다음을 참고할 것. D. Dussy, *Le Berceau des dominations*, Pocket, 2021 ; M. Salmona, *Le Livre noir des violences sexuelles*, Dunod, 2019, 2e éd ; D. Sigaud, *Peau d'Âne et l'Ogre. Viol et inceste sur mineurs en France*, Albin Michel, 2021.

12 〈뤼마니테L'Humanité〉, 2017년 6월 14일자(M. Barbier의 기사).

13 Vidéo Brut, 14 mars 2020.

14 S. Freud in *Du masochisme*, trad. Cohen Skalli, Payot, 2011.

15 그는 "이탈리아 비밀결사대 사이에서"라고 명시하지만 아무리 그래도…. (Havelock Ellis, *Analysis of the Sexual Impulse, Love and Pain, the Sexual Impulse in Women*, F. A. Davis, 1913).

16 M.-T.-D. de Bienville, *La Nymphomanie ou Traité de la fureur utérine*, Le Sycomore, 1980.

17 Tertullien, *La Toilette des femmes* (fin du IIe siècle), Éd. du Cerf, 1976.

18 "그녀의 폭력성은 그녀의 매력 속에 있다." J.-J. Rousseau, in *Émile ou De l'éducation*, livre V (1762).

19 강간이 단지 사생아의 개입으로 상속을 복잡하게 만들 위험이 있다는 이유로 처벌받았다는 사실에 관해서는 다음을 참고할 것. G. Vigarello, *Histoire du viol*, Seuil, 2000.

20 G. Halimi, *Viol. Le procès d'Aix-en-Provence*, op. cit.

21 "나는 이 사람 또는 이 합의체에 권위를 부여하여 나를 통치할 권리를 양도할 것을 승인한다. 그러나 그것은 그대도 나와 마찬가지로 그대의 권리를 그에게 양도하여 그의 모든 활동에 권위를 부여한다는 조건 아래에서이다." Thomas Hobbes, *Léviathan*, trad. F. Tricaud, Éd. Sirey, 1983, chap.

xvii.

22 *Ibid.*, chap. xx.

23 "이 진술서를 볼 때 이 여성들이 밤새도록 싸우고 아침에 늑대에게 잡아
    먹힌 스갱 씨의 염소라고 정말 생각할 수 있겠습니까?" G. Halimi, *Viol. Le
    procès d'Aix-en-Provence, op. cit.*, p. 388.

24 V. Despentes, *King Kong Théorie*, Grasset, 2006, pp. 18~21.

25 G. Halimi, *Viol. Le procès d'Aix-en-Provence, op. cit.*, p. 330.

26 S. Ferenczi, "Confusion de langue entre les adultes et l'enfant. Le langage de la
    tendresse et de la passion (1933)", in *Psychanalyse. Œuvres complètes, t. IV:
    1927-1933*, trad. J. Dupont et B. Pasztory, Payot, 1982.

27 E. Levinas, *De l'évasion*, Le Livre de Poche, 1998. 나는 오직 이 표현만 가져
    온다. 레비나스는 사실 수치심을 존재론적 폭로의 지점으로 정의하는데,
    그 정의는 여기서 차용하지 않겠다.

28 V. Despentes, *King Kong Théorie, op. cit.*, pp. 449~450.

29 이 개념에 관해서는 다음에서 D. 에리봉이 보여준 귀중한 분석을 참고할
    것. D. Eribon, "La voix absente. Philosophie des états généraux", in É. Louis
    (dir.), *Pierre Bourdieu. L'insoumission en héritage*, PUF, 2013.

30 V. Despentes, *King Kong Théorie, op. cit.*, p. 28.

공화국의 성적 토대

1 Tite-Live, *Histoire romaine*, I, 57-58.

2 Ovide, *Fastes*, chant II, vers 721-852.

3 Denys d'Halicarnasse, *Antiquités romaines*, livre V.

4 W. Shakespeare, *The Rape of Lucrece* (1594).

5 A. Obey, *Le Viol de Lucrèce*, Nouvelles Éditions latines, 1931.

6 음악에서는 G.F. 헨델(《루크레티아》, 1709), 피뇰레 드 몽테클레르(《루크
  레티아의 죽음》, 1728), 벤자민 브리튼(《루크레티아의 능욕》, 1946)을 떠
  올려볼 수 있다.

7 Saint Augustin, *La Cité de Dieu*, livre XIV, chap. xvii, 40 (trad. G. Combès,
  revue par nous).

8 가능한 "이유들"의 긴 목록을 참고하려면 다음을 보라. , J.-M. Chaumont,
  Survivre à tout prix?, La Découverte, 2017.

9 이 역학은 G. 비가렐로의 다음 작품에 잘 제시되어 있다. G. Vigarello, *His-
  toire du viol*, *op. cit.*

10 Saint Augustin, *La Cité de Dieu*, livre I, trad. E. Saisset.

11 P. Veyne, "La famille et l'amour sous le Haut-Empire romain", *Annales ESC*,
  n° 1, 1978 (repris *in* P. Veyne, *La Société romaine*, Seuil, 1991).

12 2014년, 오데옹 극장에서 앙젤리카 리델은 이러한 정체성의 정치적-성
  적 빗장을 고발하는 도발적인 루크레티아 버전을 제시했다. 강간 = 사랑
  행위라는 파렴치한 등식과 맞바꾼 아슬아슬한 경계. 타르퀴니우스는 광
  적인 욕망에 사로잡혀 루크레티아를 완벽한 여성, 이상적인 아내라는 지
  위에서 끌어낸다. "이렇게 한 강간자가 나를 그의 연인으로 만들었어요.
  나를 둘러싼 모든 남자, 아버지, 남편, 친구는 모두 나의 덕성에 열광하
  고, 그들 야심의 노예이며, 그들 칼에는 아직도 뜨거운 내 피가 묻어 있는
  데, 내게 사랑을 말한 단 한 사람, 내게 조국에 대해 말하지 않은 단 한 사
  람, 정부에 대해 말하지 않은 단 한 사람, 전쟁에 대해 말하지 않은 단 한
  사람, 정치에 대해 말하지 않은 단 한 사람, 한순간의 사랑을 위해 모든
  걸 잃는 편을 택한 단 한 사람이 바로 강간자, 타르퀴니우스이기 때문입
  니다." *You Are my Destiny (Lo stupro di Lucrezia)*.

아이도스

1 F. Nietzsche, *Le Gai Savoir*, aphorismes 273, 274, 275.

2 Confucius, *Entretiens*, II, 3

3 Platon, *Le Banquet*, 178c.

4 S. Leys가 인용한 C. J.-D. Javary, *Les Trois Sagesses chinoises*, Albin Michel, 2010에서 재인용.

5 중국의 지혜들과 그것이 수치심과 맺는 관계에 관해서는 다음을 참고할 것. A. Cheng, "Vertus de la pudeur dans la Chine classique", in *La Pudeur : la réserve et le trouble, op. cit.*, pp. 74~90.

6 Confucius, *Entretiens*, VIII, 19.

7 *Ibid.*, 178 d.

8 Platon, *Protagoras*, 322d.

9 Platon, *Le Banquet*, 178c-179b.

10 *Ibid.*, 178 d.

11 K.P. Moritz, *Anton Reiser*, trad. G. Pauline, Fayard, 1986.

12 T. Bernhard, *L'Origine*, Gallimard, 2007.

13 아리스토텔레스가 정말 쓰거나 말했는지 알 수는 없지만, 그의 것으로 간주되는 문장이다(이 문장을 처음 인용한 건 디오게네스 라에르티오스로, 《저명한 철학자들의 생애와 사상Vies, doctrines et sentences des philosophes illustres》에서다).

14 Platon, *Le Banquet*, 216a-b (trad. L. Robin).

철학적 수치심 주기

1 2020년 3월 9일 강론과 2018년 2월 26일 오전 명상 (Liberia Editrice Vaticana).

2 다음을 참고할 것. Alcuin de York(735-804), *De confessione peccatorum.*

3 D. Bernard, "La honte de vivre", in J.-L. Gaspard, *La Souffrance de l'être*, Érès, 2014, pp. 63~76에서 재인용.

4 Platon, *Gorgias*, 487 a-b.

5 Platon, Le *Sophiste*, 230 b-d.

6 *Ibid.*

7 *Ibid.* Trad. N. L. Cordero, modifiée.

8 J. Lacan, *L'Envers de la psychanalyse*, Seuil, 1991, p. 223.

전미래

1 다음을 참고할 것. *supra*, p. 104.

2 J.-M. Chaumont, *Survivre à tout prix?*, *op. cit.*, chap. "Survivre à la torture".

3 Chap. "La honte", in P. Levi, *Les Naufragés et les Rescapés*, *op. cit.*

4 아감벤이 개념화한(특히 《호모 사케르. 주권 권력과 벌거벗은 생명Homo Sacer. Le Pouvoir souverain et la vie nue》(Seuil, 1997)에서 이 "벌거벗은 생명"이라는 표현은 W. 벤야민의 저서에서 처음 나타나며, 그것은 생명의 순수한 꿈틀거림과 신성화된 생명을 동시에 의미한다.

5 Alain, *Propos du 13 novembre 1909*, Gallimard, 1956.

6 J. Lacan, *Les Écrits techniques de Freud*, Seuil, leçon du 7 avril. 완전한 문장은 다음과 같다. "우리가 억압된 것의 귀환에서 보는 것은 오직 미래에 제 상징적 실현을, 역사적 가치를, 주체와의 통합을 취할, 문자 그대로, 주어진 실현의 순간에는 이미 되어 있을 사물이 될 무언가의 지워진 신호다.

7 이 억압 모티프의 예는 《꿈의 해석》(1900)에서 수없이 볼 수 있다.

8 다음을 참고할 것. *supra*, chap. "Fondation sexuelle de la république".

9 다음을 참고할 것. *supra*, chap. "Une histoire de fantômes".

10 P. Levi, *Les Naufragés et les Rescapés*, *op. cit.*, p. 73.

11 *Ibid.*, p. 74.

12 *Ibid.*, p. 80.

13 *Ibid.*, p. 81.

14 *Ibid.*, p. 82.

15 P. 레비 자신도 두 용어 사이를 오가는데, 그 점을 G. 아감벤은 부당하게 비난한다(chap. "La honte ou du sujet", in *Ce qui reste d'Auschwitz*, trad. P. Alféri, Rivages poche, 2003).

16 완전한 문장은 다음과 같다. "제 삶에 대한 수치심을 살며 입을 다무는 것. 이것이야말로 가장 큰 위업이다"(*Liquidation*, trad. N. Zaremba-Huzvai, C. Zaramba, Actes Sud, 2004, p. 105).

17 *La Trêve*, trad. E. Genevois-Joly, Grasset, 1966, p. 249.

교차적 수치심

1 "나의 원죄는 타인의 존재다." J.-P. Sartre, *L'Être et le Néant*, *op. cit.*, p. 302.

2 R. Wright, *Un enfant du pays*, trad. H. Bokanowski, M. Duhamel, Gallimard, 1988.

3 P. Bergounioux, *École : mission accomplie*, Éd. Prairies ordinaires, 2006, p. 62.

4 F. Bon, *Daewoo*, *op. cit.*

5 S. Weil, "Journal d'usine", in *La Condition ouvrière*, La République des Lettres, 2019, p. 133.

6 J. 볼드윈, 스터즈 터클Studs Terkel과의 라디오 대담, 1961년.

7 C. Lomba, *La Restructuration permanente de la condition ouvrière*, Éd. du Croquant, 2018.

8 Préface de C. Taubira à J. Baldwin, *La prochaine fois, le feu*, Gallimard, 2018, p.

13.

9 I. Boni-Claverie, *Trop noire pour être française*, Tallandier, 2017.

10 T. de Montaigne, *L'Assignation. Les Noirs n'existent pas*, Grasset, 2014.

11 F. Fanon, 《L'expérience vécue du Noir》, *op. cit*.

12 W.-E.-B. Du Bois, *Les Âmes du peuple noir* (1903), trad. M. Bessone, La Découverte, 2018 (chap. "Sur nos luttes spirituelles").

13 J. Baldwin, *I Am Not Your Negro*, textes rassemblés par R. Peck, R. Laffont/ Velvet Film, 2017.

14 J. Baldwin, *La prochaine fois, le feu, op. cit.*, pp. 39~40.

15 F. Fanon, 《L'expérience vécue du Noir》, *op. cit*.

계통적 수치심

1 P. Levi, "Traduire Kafka", in *Esprit*, janvier 1991.

2 P. Levi, *Les Naufragés et les Rescapés, op. cit.*, p. 84.

3 *Abécédaire* de G. Deleuze, Éd. Montparnasse, 2004 (entrée "Résistance").

4 C. Lévi-Strauss, *Tristes tropiques*, Plon, 1955, p. 495.

5 P. Levi, "Les mots, le souvenir, l'espoir", in *Conversations et entretiens*, Robert Laffont, 1977.

6 G. Flaubert, lettre à Louise Colet, 26 août 1853.

7 G. Sand, lettre à Mme Marliani, juillet 1848.

8 "Qui est coupable de menées antifrançaises", 1938 (in Simone Weil, *Contre le colonialisme*, Payot & Rivages, 2018).

9 카를로 긴즈부르그, 《리베라시옹》, 2019년 10월 10일자.

10 수치심은 "일종의 면역방어"다. P. Levi, *Les Naufragés et les Rescapés, op. cit.*, p. 85.

11 J. Baldwin, *La prochaine fois, le feu, op. cit.*, p. 27.

12 F. Dostoïevski, *Carnets du sous-sol*, trad. A. Marcowicz, Actes Sud, 1992.

혁명적 수치심

1 L.S. Senghor, *Hosties noires*, Seuil, 1956. 네그리튀드라는 개념의 역사와 의미에 관해서 다음을 참고할 수 있다. Pap Ndiaye, *La Condition noire. Essai sur une minorité français*, Calmann-Lévi, 2008. 이 책은 이 장과 앞 장 전체 내용에 자양분이 되었다.

2 R. Depestre, *Minerai noir*, Seuil, 2019.

3 S. Ferenczi, in "Confusion de langue…", *op. cit.*

4 장 주네에 관해, J.P. 사르트르의 끝없는 전서 이외에(*Saint Genet comédien et martyr*, Gallimard, 2011), 우리는 D. 에리봉이 《미노타우로스의 도덕Morale du minoritaire》(Flammarion, 2015)에서 보여준 소중한 분석과 C. 베티에의 멋진 논문 〈수치심과 투명성: 자신의 수치심에 대해 쓰기, 루소부터 주네까지Honte et transparence: écrire sa honte, de Rousseau à Genet〉(SELF XX-XXI — Journée d'études "Ombres et transparences", octobre 2018)를 참고할 수 있다.

5 J. Genet, *Journal d'un voleur*, Gallimard, 1949, p. 198.

6 *Ibid.*

7 *Ibid.*

8 *Ibid.*, p. 199.

9 *Ibid.*, p. 198.

10 *Ibid.*, p. 76.

11 P. Levi, *La Trêve, op. cit.*, p. 10 (traduction modifiée).

12 J. Baldwin, *I Am Not Your Negro, op. cit.*

13 Aristote, *Rhétorique*, livre II, 1378b.

14 J.-J. Rousseau, *Essai sur l'origine des langues* (1781). 장 자크 루소가 연민의 감정에 대해 펼친 더없이 완벽한 분석을 보려면 《에밀 또는 교육에 관하여》(1762)를 참고할 것.

15 K. 마르크스, 루게에게 쓴 편지, 1843년 3월 ("D를 향하는 거룻배에서"), 처음엔 《아날 프랑코알망드Annales francoallemandes》 특별호에 발표되었다. *Correspondance*, t. I, Éditions sociales, 1971, p. 287. 문장을 온전히 인용하면 이렇다. "당신은 웃으며 나를 보고 말하겠지요! 시시합니다! 우리가 혁명을 하는 건 결코 수치심 때문이 아니라고 말이지요. 난 이렇게 대답하겠습니다. 수치심은 이미 하나의 혁명입니다. 그것은 정말이지 1813년에 승리한 독일 애국주의에 대한 프랑스 혁명의 승리입니다. 수치심은 일종의 분노입니다. 억눌린 분노. 온 나라가 정말 수치심을 느낀다면 그건 달려들기 위해 움츠린 사자 같을 것입니다. 고백하건대, 아직 독일에는 수치심이 존재하지 않습니다."

16 É. Zola, *La Débâcle* (1892), chap. vii.

17 S. Rushdie, *La Honte*, Gallimard, 2011.

수치심은 혁명적 감정이다

초판 1쇄 발행   2024년 3월 5일

지은이   프레데리크 그로
옮긴이   백선희

펴낸이   김준성
펴낸곳   책세상
등록   1975년 5월 21일 제2017-000226호
주소   서울시 마포구 동교로23길 27, 3층(03992)
전화   02-704-1251   **팩스**   02-719-1258
이메일   editor@chaeksesang.com
광고·제휴 문의   creator@chaeksesang.com
홈페이지   chaeksesang.com
페이스북   /chaeksesang   **트위터**   chaeksesang
인스타그램   chaeksesang   **네이버포스트**   bkworldpub

ISBN   979-11-7131-106-4   03190